新闻出版总署社会主义核心价值体系建设"双百"出版工程重点出版物

为什么要坚持马克思主义

张雷声　李玉峰●著

中国人民大学出版社
·北京·

图书在版编目（CIP）数据

为什么要坚持马克思主义/张雷声，李玉峰著.—北京：中国人民大学出版社，2012.11
ISBN 978-7-300-16601-8

Ⅰ.①为… Ⅱ.①张… ②李… Ⅲ.①马克思主义-研究 Ⅳ.①A81

中国版本图书馆 CIP 数据核字（2012）第 253178 号

为什么要坚持马克思主义
张雷声　李玉峰　著
Weishenme yao Jianchi Makesizhuyi

出版发行	中国人民大学出版社		
社　　址	北京中关村大街 31 号	邮政编码	100080
电　　话	010-62511242（总编室）		010-62511398（质管部）
	010-82501766（邮购部）		010-62514148（门市部）
	010-62515195（发行公司）		010-62515275（盗版举报）
网　　址	http://www.crup.com.cn		
	http://www.ttrnet.com（人大教研网）		
经　　销	新华书店		
印　　刷	北京中印联印务有限公司		
规　　格	170 mm×240 mm　16 开本	版　次	2013 年 1 月第 1 版
印　　张	8.5 插页 1	印　次	2017 年 3 月第 3 次印刷
字　　数	100 000	定　价	25.00 元

版权所有　侵权必究　印装差错　负责调换

目录 contents

▶ 导论 /1

▶ 原因之一
　马克思主义是科学的思想理论体系 /3
　　● 马克思恩格斯是马克思主义的创始人 /5
　　● 马克思主义不等于马克思恩格斯 /8
　　● 马克思主义基本原理是马克思主义的基本观点 /12
　　● 马克思主义具有科学性与意识形态性 /15

▶ 原因之二
　马克思主义是改变世界的强大力量 /17
　　● 批判和改变世界的理论武器 /19
　　● 开辟人类历史的新时代 /22
　　● 屹立于世界东方的新中国 /27

▶ 原因之三
　马克思主义是社会主义的旗帜和灵魂 /31
　　● 社会主义意识形态面临的挑战和任务 /33
　　● 社会主义意识形态建设以马克思主义为指导 /37
　　● 社会主义意识形态发展的基础 /41

▶ 原因之四
　马克思主义是中国特色社会主义的源泉 /45
　　● 中国特色社会主义坚持了马克思主义的实践性 /47

- 中国特色社会主义坚持了马克思主义的民族性 /52
- 中国特色社会主义坚持了马克思主义的开放性 /56

▶ **怎样坚持之一**
　推进马克思主义中国化 /61
- 中国特色社会主义发展的必然 /63
- 必须发展创新马克思主义基本原理 /66
- 必须与错误的思想倾向进行斗争 /68

▶ **怎样坚持之二**
　认清反马克思主义的思潮 /73
- 反马克思主义思潮的主要表现形式 /75
- 反马克思主义思潮的理论剖析 /79
- 坚决抵制反马克思主义思潮 /83

▶ **怎样坚持之三**
　建设社会主义核心价值体系 /89
- 社会主义核心价值体系的理论之源 /91
- 社会主义核心价值体系的精神实质 /96
- 建设并践行社会主义核心价值体系 /101

▶ **怎样坚持之四**
　加强社会主义意识形态建设 /105
- 社会主义意识形态领域存在的问题 /107
- 社会主义主流意识形态只能"一元化"/110
- 加强社会主义主流意识形态的建设 /112

▶ **努力掌握和运用马克思主义立场、观点、方法 /121**
- 马克思主义立场、观点、方法的内涵 /123
- 马克思主义立场、观点、方法命题的不懈探索 /125
- 坚持和运用马克思主义立场、观点、方法分析解决问题 /130

导 论

马克思主义是我们立党立国的根本指导思想，坚持马克思主义的指导地位，是党和人民团结一致、始终沿着正确方向前进的根本思想保证。这不是一句空话，也不是一句没有根据的话。这是已经为中国近现代历史所证明的一个深刻的道理，这也是中国共产党经过90多年奋斗能够取得重大成就的根本原因。

在中国共产党领导中国人民进行社会主义革命和建设的历史过程中，正是马克思主义使我们正确认识了人类历史的发展规律，掌握了科学的立场、观点和方法，因而从根本上保证了中国共产党能够正确制定和成功地实现自己的纲领和目标。历史表明，只有马克思主义能够指导中国人民取得革命和建设的伟大胜利。在民主革命时期，中国共产党运用马克思主义基本原理，结合中国的具体实际，领导中国人民取得了新民主主义革命的胜利，建立了新中国。新中国成立以后，中国共产党又是在马克思主义的指导下，顺利完成了生产资料所有制的社会主义改造，逐步建立并完善了我国社会主义社会的政治、经济和文化制度，取得了社会主义建设的巨大成就。马克思主义不仅使中国人民获得了自身的解放，而且还使中国走向了富强。十一届三中全会以后，中国共产党坚持马克思主义的立场、观点、方法，实行了改革开放，使中国社会发生了巨大变化，国家的综合实力和人民的生活水平显著提高。这些成就无疑都是在马克思列宁主义、毛泽东思想和中国特色社会主义理论体系的指导下取得的。坚持以马克思主义为指导，是建设中国特色社会主义的根本保证。

为什么要坚持马克思主义

不可否认,在社会主义建设的实践中,我们曾经出现过这样那样的失误。究其原因,并不是坚持以马克思主义为指导的过错,而主要是脱离或远离中国实际,把马克思主义教条化、片面化和简单化的结果。因此,正确看待社会主义建设的实践中遇到的挫折和失误,对理解为什么在中国要坚持马克思主义的指导地位有着重要意义。特别是在当前经济全球化的发展进程中,在我国社会生活日益多元复杂的情况下,在一些人面对新的社会变革和现实环境精神上感到迷茫和痛苦、思想上产生矛盾和迷惑、认识上出现混乱和疑惑、信仰上出现某种危机之时,更要用科学的世界观和正确的人生观、价值观和道德观来引领他们,坚持以马克思主义为指导就显得尤为必要和重要。

这本小册子,主要从马克思主义是科学的思想理论体系、是改变世界的强大力量、是社会主义的旗帜和灵魂、是中国特色社会主义的源泉等方面,论述了坚持以马克思主义为指导的原因,也从推进马克思主义中国化、认清反马克思主义的思潮、建设社会主义核心价值体系、加强社会主义意识形态建设等方面,说明了如何坚持以马克思主义为指导,最后,从整体上强调了坚持以马克思主义为指导必须努力掌握和运用马克思主义立场、观点、方法。

这本小册子由张雷声和李玉峰两人共同完成。其中,导论、原因之一、原因之三、原因之四和怎样坚持之一、怎样坚持之三、怎样坚持之四由张雷声完成,原因之二、怎样坚持之二和努力掌握和运用马克思主义立场、观点、方法由李玉峰完成。作为一本通俗的理论读物,我们可能在通俗性、可读性上还应下更大的气力。由于时间仓促,不当之处在所难免,敬请读者批评指正!

原因之一

马克思主义是科学的思想理论体系

> 我们说马克思主义是对的,决不是因为马克思这个人是什么"先哲",而是因为他的理论,在我们的实践中,在我们的斗争中,证明了是对的。
>
> ——毛泽东

原因之一
马克思主义是科学的思想理论体系

马克思主义是一门科学，是在思想理论领域和现实政治生活中，最具有真理性和最具有影响力的学说。马克思主义的产生作为人类思想史上的革命性的变革，它在哲学、政治经济学和科学社会主义方面的贡献是无与伦比的。马克思主义给予人们理论思维的逻辑力量，给予人们观察和分析问题的方法，也为人们提供了认识和改造人类社会的世界观、方法论。只有坚持马克思主义，才会有人类社会发展的美好前景。

马克思恩格斯是马克思主义的创始人

没有马克思恩格斯就没有马克思主义。19世纪上半期，资本主义时代发生了深刻变革，产业革命的发展加剧了资本主义生产方式中生产力和生产关系的矛盾，资本主义生产方式占据了统治地位，自由竞争的资本主义进入了较为发达的阶段，资本主义生产方式所固有的社会矛盾日趋激化并得到深刻的暴露。与此同时，资本主义的阶级关系也发生了很大变化，资产阶级和无产阶级的矛盾上升为社会的主要矛盾，无产阶级反对资产阶级的斗争进入了一个新的阶段，无产阶级已经开始作为一支有组织的、独立的政治力量登上了历史舞台。时代的发展提出了"什么是人类历史发展的动力，资本主义究竟向何处去"的问题。为了回答时代提出的这些重大问题，马克思恩格斯于19世纪40—60年代实现了人类思想史上的伟大革命，创立了后来人们用他们的名字命名的马克思主义。

卡尔·马克思（Karl Marx，1818—1883），马克思主义的创始人，第一国际的组织者和领导者，全世界无产阶级和劳动人民的伟大导师。马克思的一生是在科学的道路上不畏艰险勇攀高峰的一生，是为共产主义事业奋斗不息的一生。他和恩格斯共同创立的马克思主义，是指引全世界劳动人民为实现社会主义和共产主义伟大理想而进行斗争的理论武器和行动指南。

为什么 坚持马克思主义

位于德国柏林的马克思—恩格斯广场

弗里德里希·冯·恩格斯（Friedrich Von Engels, 1820—1895），马克思主义的创始人之一，国际无产阶级的伟大导师，马克思的亲密合作者和朋友。他为马克思从事学术研究提供了大量经济上的支持。马克思逝世后，他将马克思的大量手稿、遗著整理出版，并且成为国际工人运动众望所归的领袖。

马克思恩格斯并不是天生的马克思主义者。他们曾经信仰过那个时代占统治地位的唯心主义，也接受过那个时代风行的资产阶级民主主义思潮。但是，对剥削制度的憎恨和对劳动群众的深厚感情，以及投身无产阶级革命斗争的实践和艰苦卓绝的科学研究，使他们能够从唯心主义者转变为唯物主义者，从革命民主主义者转变为共产主义者，从而发现了人类历史的发展规律，发现了现代资本主义生产方式和它所产生的资产阶级社会的特殊的运动规律。正因为如此，唯物史观和剩余价值这两个伟大的发现，揭开了资本主义生产的秘密，使社会主义变成了科学。马克思恩格斯创立了马克思主义这一极其彻底而严整的指导世界各国工人运动的理论和纲领的学说。

原因之一
马克思主义是科学的思想理论体系

面对无产阶级受剥削、受压迫的处境，马克思恩格斯不是用怜悯、眼泪、同情来抚慰他们，而是用科学的理论来揭示无产阶级的处境，指出无产阶级获得自身解放的途径。

马克思主义是在批判地继承前人的一切优秀成果的基础上创立的，它是人类在19世纪所创造的优秀成果——德国的哲学、英国的政治经济学和法国的社会主义——的当然继承者。

德国古典哲学是指18世纪到19世纪前半期由康德开始、在黑格尔达到顶峰、到费尔巴哈那里宣告终结的学说。马克思恩格斯在创立马克思主义的过程中，吸收了黑格尔辩证法中的一些合理因素，例如关于运动、发展、变化的观念，关于对立统一、量变质变、否定之否定的观念，关于逻辑和历史统一的观念，关于历史发展的必然性的观念等等，同时也批判了黑格尔辩证法中的唯心主义观点，即把绝对观念作为运动的主体，把运动和运动着的物质割裂开来。

乔治·威廉·弗里德里希·黑格尔（Georg Wilhelm Friedrich Hegel，1770—1831），德国古典哲学的主要代表，客观唯心主义者，资产阶级思想家，他的辩证法是马克思主义哲学的来源之一

对于费尔巴哈的哲学观点，马克思恩格斯高度评价了他对黑格尔唯心主义观点的批判，吸收了费尔巴哈关于人的客观实在性、人与自然统一的唯物主义观念，批判了他的形而上学唯物主义的直观性和历史唯心主义。马克思恩格斯站在新的理论高度，把辩证法建立在了唯物主义的基础上，创立了唯物史观。

英国古典政治经济学是指从17世纪后半期到19世纪初期从威

廉·配第开始，经过亚当·斯密的发展，到李嘉图结束的学说。古典政治经济学家在经济学说史上第一次把经济理论的考察从流通领域转移到生产领域，阐明了经济现象的某些内在联系，从而使经济学建立在科学的基础之上。古典政治经济学以科学的态度批判封建经济制度、揭示资本主义生产和分配规律，取得了有科学价值的成果，如在一定程度上研究了资本主义生产方式的内在联系和结构，揭示了资本主义生产、分配、交换和消费的内在矛盾和运行机制，构筑了包括一系列重要经济范畴、理论、规律在内的资本主义经济理论体系。马克思恩格斯吸收了英国古典政治经济学的有价值的成果，创立了劳动价值论和剩余价值学说。

空想社会主义是指从16世纪初到19世纪中期以圣西门、傅立叶、欧文为代表的关于改造人类社会的思想体系。它是现代无产阶级先驱者的独立运动的理论表现，是一种不现实的关于改造人类社会的思想体系。空想社会主义也称"乌托邦"社会主义。空想社会主义者在对资本主义的尖锐批判中，提出了许多有价值的见解，如批判了现存资本主义制度的罪恶，揭露了资本主义的内在矛盾，勾画了未来社会的美好蓝图等，但是，他们却不能从世界历史发展的高度科学地阐明资本主义内在矛盾产生的历史必然性，无法理解资本主义社会向未来社会过渡的现实基础和实现这一社会变革的物质力量。马克思恩格斯批判地继承和发展了空想社会主义理论，在唯物史观和剩余价值学说的基础上，创立了科学社会主义理论。

马克思主义不等于马克思恩格斯

马克思主义是时代的产物，时代孕育了马克思主义。

第一，资本主义生产力与生产关系矛盾的激化为马克思主义的产生提供了现实的条件。19世纪中期，英、法、德等国的产业革命使生产力以前所未有的速度和规模迅速发展起来。产业革命在迅猛发展的同时也加剧了资本主义生产方式中生产力和生产关系的矛盾，生产社会化和生产资料资本主义私人占有这一基本矛盾日益尖锐地发展，一方面，机器大工业的发展使生产社会化的程度越来越高，另一方面，生产资料日益掌握在少数大资本家手中。资本主义基本矛盾的激化导致了经济危机的频频爆发。自1825年爆发了世界上第一次以生产相对过剩为特征的经济危机开始，大约每隔10年就会周期性地爆发一次经济危机。经济危机的周期性爆发表明，资本主义生产关系已经开始从生产力发展的推动力量转变为生产力发展的桎梏。

1848年4月4日，宪章派在伦敦举行聚会

第二，资本主义社会中无产阶级反对资产阶级的斗争需要科学理论的指导。产业革命的发展引起了社会关系特别是阶级关系的变化，无产阶级与资产阶级的矛盾和斗争逐步发展为占据主导地位的社会矛盾。占据统治地位的资产阶级为了追求最大限度的利润，采取各种方式剥削和欺压无产阶级，无产阶级的反抗和斗争风起云涌。

为什么坚持马克思主义

19世纪30—40年代，法国、英国、德国接连爆发了一系列工人运动，揭开了由无产阶级领导的社会革命的序幕。例如，1831年、1834年在法国里昂爆发了两次工人起义；1838年在英国爆发了持续10多年声势浩大的、全国性的工人运动即宪章运动；1844年在德国爆发了西里西亚纺织工人起义。工人运动的爆发意味着无产阶级已经觉醒，标志着无产阶级已经作为独立的政治力量登上历史舞台并与资产阶级展开了反对资本主义剥削、反对私有制的斗争。随着工人运动的兴起，相继也出现了工人组织。1836年"正义者同盟"创立，1837年布朗基建立"四季社"，1840年英国成立了近代第一个工人政党，即宪章派全国协会，也称宪章党，1843年德国流亡者的第一个秘密组织"被压迫者同盟"成立。工人组织的出现，表明无产阶级反对资产阶级的斗争开始由以前的分散性转向有组织性，说明无产阶级在反对资产阶级的斗争中已经成为一种有组织的政治力量。因此，科学地总结无产阶级反对资产阶级斗争的实践经验，阐明无产阶级的地位和历史使命，揭示资本主义生产方式的本质及其运动规律，是时代提出的重要任务。马克思主义正是适应这一时代的要求而产生的。

第三，马克思主义既是适应时代发展的客观要求而创立的，也根植于社会经济实践之中。一切真正的科学体系都是具体时代的产物，而不是哪个天才头脑的主观臆造。马克思恩格斯从青年时代就积极投身于那个时代的社会实践。从19世纪40年代后半期马克思恩格斯创建"共产主义者同盟"开始，直到19世纪90年代前半期恩格斯晚年领导第二国际的革命活动，在这半个世纪的历程中，他们始终处在国际共产主义运动的前沿。正是这样的社会实践过程，奠定了马克思恩格斯创立马克思主义的基础，使马克思主义的创立根植于社会经济实践之中。在创立马克思主义的过程中，马克思恩格斯关心工人运动，积极参加并领导着无产阶级反对资产阶级的斗争，推进着国际共产主义运动；马克思恩格斯关注资本主义现实，考察并研究了资本主义发展的现状和大量反映资本主义发展的统计资料，关注着资

原因之一
马克思主义是科学的思想理论体系

本主义发展的新动向和新问题。因此，马克思主义的创立是同马克思恩格斯的革命实践及其对资本主义实践的考察、研究紧密联系的。

第四，马克思主义是发展的思想理论体系，它的内涵在实践中不断得到丰富和发展。任何一种思想理论体系都是在一定的历史条件下产生的，而任何一种在一定历史条件下产生的思想理论体系都有历史局限性。恩格斯认为，他和马克思根据当时的历史条件创立的马克思主义，其历史局限性就在于，他们只能在那个时代的条件下进行认识，这些条件达到什么程度，他们便认识到什么程度，而他们还差不多处在人类历史的开端，将来条件发生变化以后，他们的理论还会为后人所纠正。因此，马克思主义必须结合具体情况、根据现存条件来阐明和发挥。各国的具体情况是不同的，各国实践的主题也是在变化发展的。马克思主义的发展像一切科学一样，通常都会包含着对前人理论的重要突破。马克思主义与具体实际的结合是一个生生不息的发展过程。可见，马克思主义不可能仅限于马克思恩格斯的论述，还包括了后人运用他们的立场、观点、方法对时代发展变化、对新的实际进行总结所揭示的普遍真理。

马克思

> 我们决不把马克思的理论看作某种一成不变的和神圣不可侵犯的东西；恰恰相反，我们深信：它只是给一种科学奠定了基础，社会党人如果不愿落后于实际生活，就**应当**在各方面把这门科学推向前进。
>
> ——列宁

为什么要坚持马克思主义

列宁

19世纪末20世纪初，列宁根据世界历史条件的变化，把马克思主义与俄国的具体实际结合起来，创立了列宁主义。20世纪上半期，毛泽东在中国革命和建设过程中，把马克思主义与中国具体实际结合起来，产生了毛泽东思想。20世纪80年代以来，邓小平、江泽民、胡锦涛又把马克思主义与中国社会主义改革开放的具体实际结合起来，形成了中国特色社会主义理论体系，开辟了中国特色社会主义道路。中国特色社会主义理论体系坚持和发展了马克思列宁主义、毛泽东思想。在当代中国，坚持中国特色社会主义理论体系，就是真正坚持马克思主义。

马克思主义基本原理是马克思主义的基本观点

马克思主义基本原理反映的是马克思主义的精神实质。它主要阐明的是自然、社会和思维认识各方面的客观规律，以及人类社会由低级向高级发展的客观规律。坚持马克思主义，就是要坚持马克思主义基本原理。

第一，马克思主义基本原理是马克思主义三个组成部分中一以贯之的、具有综合性特点的理论，是能够反映马克思主义精神实质和整体性的理论。马克思主义基本原理是在马克思主义哲学、马克思主义政治经济学和科学社会主义三个部分的原理的基础上形成的。列宁曾经说过，马克思学说具有无限力量，就是因为它正确。它完备而严密，它给人们提供了决不同任何迷信、任何反动势力、任何为资产阶级压迫所作的辩护相妥协的完整的世界观。马克思的全部

原因之一
马克思主义是科学的思想理论体系

天才，就在于他回答了人类先进思想已经提出的种种问题。正因为如此，马克思主义基本原理是马克思主义哲学、马克思主义政治经济学、科学社会主义三个部分的相互联系着的理论对客观世界的整体反映，这一整体反映是对客观世界的发展、人的认识发展、人的自身发展、人类社会发展规律性的研究。

第二，马克思主义基本原理是能够反映无产阶级人民大众立场、理论联系实际原则的理论，是经过实践证明的、具有普遍意义的理论，是对包含着一连串相互衔接的阶段的发展过程的阐明。马克思主义基本原理的产生实现了阶级性与科学性的高度统一，它站在无产阶级的立场上，从实际出发，科学地揭示了社会经济活动的本质和规律，揭示了人类社会发展的客观规律。这不仅符合无产阶级的阶级本性和根本利益，而且也是实现无产阶级的利益和历史使命的前提。马克思主义基本原理的产生也贯彻了理论联系实际的原则，它是适应时代发展的要求而创立的，它也会随着时代的发展变化不断丰富和发展自身。马克思主义基本原理具有发展的规定性，这不仅包含着发展马克思主义基本原理的规定性，而且也包含着必须根据变化了的历史环境和新的历史条件，对马克思主义基本原理加以发展的规定性。因此，马克思主义基本原理的根本立场和根本原则决定着它是发展着的理论，而不是必须背得烂熟并机械地加以重复的教条。马克思主义基本原理是普遍真理，普遍真理作为经过实践证明是科学的并且具有普遍意义的理论，在它发展的每一阶段上，都要不断吸收同时代社会科学和自然科学发展中任何有价值的科学成果，它是从发展着的世界中不断丰富自身并为人们认识世界、改造世界阐发出新的原理的科学理论。

第三，马克思主义基本原理是马克思主义文本研究与时代发展、新的实际的结合，是实践之树的奇葩，是进行实践探索的科学。研究反映马克思主义基本原理的文献资料和经典著作，是准确把握马克思主义基本原理科学内涵、体系和精神实质的重要前提。深入研

为什么要坚持马克思主义

周恩来在延安读过的《共产党宣言》

马克思恩格斯合著的《共产党宣言》问世160多年来，先后被译成200多种文字，出版1 000多次，成为社会主义文献中全球公认的传播最广、最具国际性的著作。在当代，它入选了美国《世界伟大文献汇编》的30种文献，入选了"改变美国的20本书"，入选了"领袖必读的100部名著"，成为我们系统学习马克思主义的入门著作。

究马克思主义经典著作中的基本观点，可以帮助人们深刻认识和更好地掌握哪些是必须长期坚持的马克思主义基本原理，破除对马克思主义基本原理的教条式理解，澄清附加在马克思主义名下的错误观点。但是，对马克思主义基本原理的研究，又不能仅限于文本，必须走向现实，把文本研究与时代变化、与新的实际结合起来。既要和社会经济发展实践结合起来，运用马克思主义立场、观点和方法来评析现实社会中存在的各种社会思潮，分析当今资本主义社会和社会主义社会存在的各种现实问题，提炼新的观点，作出新的理论概括，创新和发展马克思主义基本原理，也要和人们的思想实际结合起来，研究马克思主义基本原理教育的内容、方式方法及其规律，探索在新的历史条件下进行马克思主义基本原理教育教学的模式，开创新的政治教育局面。只有这样，才能真正展现马克思主义基本原理的发展性、创造性，显示出马克思主义的强大生命力。

原因之一
马克思主义是科学的思想理论体系

马克思主义具有科学性与意识形态性

马克思主义是人类思想文化智慧的结晶，它在知识占有的广度和深度上都有着较高的水平。马克思主义在对人类社会发展的一般规律的揭示中，在对科学真理的阐释中，都体现了理论逻辑的力量和学术价值的魅力。与此同时，马克思主义也为无产阶级提供改造社会的思想武器，它具有鼓舞无产阶级斗志、引导无产阶级沿着社会发展的趋势去改造社会的巨大作用，马克思主义基本原理又具有为无产阶级劳动人民服务的意识形态功能。

科学性与意识形态性在马克思主义中得到了完美的结合。

首先，它是迄今为止世界上革命性、科学性最强的世界观、方法论和思想理论体系，是人们认识世界、改造世界和完善自身的思想武器。马克思主义关于客观世界、人的发展的阐述，从根本上揭示了自然界、人类社会和思维发展的一般规律，它为人类社会的发展提供了认识世界、改造世界的强大的思想武器。马克思主义关于客观世界的发展、人的发展、人类社会的发展的阐述，从根本上论证了资本主义必然灭亡、社会主义必然胜利的一般规律，科学地预测了共产主义的美好前景，为无产阶级和人类的解放指明了奋斗的道路和前进的方向。

其次，它不仅在于教会我们去认识世界，而且更为重要的是指导我们去改造世界。马克思主义是无产阶级的精神武器，是无产阶级政党的纲领、战略和策略的理论基础。马克思主义创立以后，就一直是无产阶级和劳动群众进行革命和建设的行动指南，十月革命的胜利、中国革命的胜利、中国特色社会主义的发展充分说明了这一点。它的科学性和意识形态性的统一，在亿万劳动群众推翻资本主义制度和建设社会主义的实践中不断地得到升华。

最后，它表现出强烈的批判性和战斗性。马克思主义在它所走过的生命途程中，每前进一步都得经过战斗。一方面，它要反击来自资产阶级营垒的日趋频繁和剧烈的攻击；另一方面，它又要与来自马克思主义内部的反马克思主义错误思潮进行斗争。因此，反击来自资产阶级营垒的攻击和反对各种反马克思主义错误思潮，使得马克思主义在它的发展过程中从来都不拒绝任何有科学价值的理论和学说，也从来不放弃同一切反科学、伪科学进行不调和的斗争。

原因之二

马克思主义是改变世界的强大力量

> 哲学家们只是用不同的方式**解释**世界,而问题在于**改变**世界。
>
> ——马克思

原因之二
马克思主义是改变世界的强大力量

诞生于 19 世纪 40 年代的马克思主义，正确地揭示了自然界、人类社会和思维发展的最一般规律，实现了人类思想史上的伟大变革，成为无产阶级和革命人民认识世界和改造世界的强大思想武器。20 世纪社会主义的崛起，开辟了人类历史的新时代，它推动了民族解放运动的发展，埋葬了野蛮的殖民体系，改变了世界格局。在当代，中国特色社会主义的发展，不仅极大地改变了中国历史发展进程，而且对世界历史的发展也产生了重大影响。可以说，没有马克思主义就没有今天的世界。只有坚持马克思主义，才会有对世界的巨大改变。

批判和改变世界的理论武器

马克思在《关于费尔巴哈的提纲》中曾经这样说道：哲学家们只是用不同的方式解释世界，而问题在于改变世界。"问题在于**改变世界**"是马克思主义哲学方法论的精髓，它突出了实践的决定作用和基础地位，集中体现了马克思主义哲学对以往形而上哲学的革命性超越。正是基于这样的认识，马克思恩格斯积极参与到改变世界的革命实践活动中，总结出博大深邃的科学理论，实现了人类思想史上的伟大变革。

对马克思恩格斯来说，首要的是解决社会历史观问题。在批判唯心主义和形而上学唯物主义的基础上，马克思恩格斯创立了历史唯物主义的基本原理。在《〈黑格尔法哲学批判〉导言》、《关于费尔巴哈的提纲》、《神圣家族》、《德意志意识形态》等著作中，马克思恩格斯一方面批判了黑格尔的客观唯心主义和青年黑格尔派的主观唯心主义，改造并汲取了黑格尔辩证法的合理思想，把辩证法规律从唯心主义泥潭中解救出来，重新建立在唯物主义基础之上；另一方面他们又批判了费尔巴哈唯物主义的机械性和形而上学性，创立了科学的实践观，把唯物主义原则贯彻到包括社会历史和人类思维

为什么要坚持马克思主义

在内的一切领域,从而第一次实现了唯物主义与辩证法、唯物主义自然观与历史观的有机统一。在《德意志意识形态》中,马克思恩格斯系统阐述了唯物史观的基本原理,提出了社会存在决定社会意识;物质生产是整个历史发展的出发点;物质生产力决定人们的生产关系;社会的经济基础决定上层建筑;生产力与生产关系、经济基础与上层建筑的矛盾运动引起社会的变革,推动社会从低级形态向高级形态发展等一系列全新的观点,从而把唯心主义从它最后的避难所即历史观中驱除了出去。唯物史观是马克思主义发展史上的第一个伟大发现,开创了哲学社会科学发展的新纪元。

第一次工业革命期间,火车诞生了,这是在美国一列火车同马车赛跑的情景

> 随着新生产力的获得,人们改变自己的生产方式,随着生产方式即谋生的方式的改变,人们也就会改变自己的一切社会关系。手推磨产生的是封建主的社会,蒸汽磨产生的是工业资本家的社会。
>
> ——马克思

在经济学领域,马克思恩格斯改造和汲取了资产阶级古典政治经济学的合理因素,批判了蒲鲁东等人的经济观点,实现了经济学史上的革命。在《政治经济学批判大纲》、《1844年经济学哲学手稿》、《哲学的贫困》、《资本论》等著作中,马克思恩格斯通过对异化的分析,揭示了在资本主义私有制条件下工人与劳动产品、劳动、类本质相异化的状况,提出了私有制是异化劳动的前提和结果,消灭私有制的共产主义革命是变异化劳动为自由自觉的人的劳动的必然途径的论断。针对蒲鲁东把平等看做是人的至高无上的理性原则,认为经济学范畴是永恒的平等观念的体现等观点,马克思指出,蒲

原因之二
马克思主义是改变世界的强大力量

鲁东根本颠倒了经济关系与经济范畴的关系,公平、平等只是一种主观的尺度和标准,衡量历史进步的根本尺度应该是历史规律,核心是看能否推动生产力的发展。马克思还从资本主义最常见的商品入手进行分析,对资本主义的生产、流通、交换、分配进行了分析,创立了剩余价值理论,发现了资本主义剥削的实质和秘密,从而把资本主义经济关系暴露在光天化日之下,得出了资本主义生产资料私有制必然为社会主义生产资料公有制所取代的结论。

电影《摩登时代》海报

《摩登时代》是一部喜剧,却充满了令人泪流的痛楚。20世纪20年代的美国处于经济萧条时期,失业率居高不下。而资本家为了获得更多的剩余价值,连工人吃饭都要靠传送带和"吃饭机",工人成为大机器生产中的一颗螺丝钉。影片深刻反映了资本主义的剥削本质,让人们在笑声中看到了资本主义的黑暗。

马克思恩格斯还改造和汲取了英、法空想社会主义的合理思想,批判了各种非科学的社会主义,把社会主义奠基在科学的基础上。空想社会主义以及其他挂着各种招牌的社会主义从不同角度对资本主义的经济制度、政治制度、思想道德观念等进行了批判,提出了关于未来社会的种种美好设想,但由于历史发展条件的限制,它们只能在头脑中构想出改造社会的方案,其学说难免陷入空想甚至反动的境地。马克思主义唯物史观和剩余价值论的创立,使社会主义从空想变为科学。唯物史观揭示的生产关系要适应生产力发展的规律,科学地回答了社会主义为什么必然代替资本主义的问题。剩余

为什么要坚持马克思主义

价值学说揭示了资本主义社会中资产阶级与无产阶级利益的根本对立,找到了实现社会主义代替资本主义的现实社会力量和变革道路,解决了如何才能实现社会主义代替资本主义的问题。1848年《共产党宣言》的发表,标志着科学社会主义的诞生。它科学地论证了社会主义代替资本主义的历史必然性,系统地阐述了科学社会主义的一般原理,明确地划清了科学社会主义与其他社会主义流派的界限,阐述了无产阶级政党建设的一些重要原则,成为指导无产阶级解放全世界和解放自身的锐利武器。

马克思主义理论体系的创立,不仅为批判旧世界提供了有力的武器,也为创立新世界提供了科学的指导。不同于空想社会主义在头脑中构想出新社会的要素,马克思主义对未来社会的预测是建立在对资本主义进行科学分析的基础上,是从辩证唯物主义和历史唯物主义的世界观和方法论出发的。马克思恩格斯提出,未来社会是自由人的联合体,实现人的全面和自由发展是未来社会的本质特征;在未来社会中,全社会实行生产资料的社会所有制;未来社会将会消灭商品和货币,实行计划经济;未来社会的实现以生产力的高度发达为前提;未来社会实行各尽所能,按需分配的制度;未来社会首先要实行无产阶级专政,然后经过一个较长时期的努力,最终消灭阶级差别,国家自行消亡;未来社会中的全体成员都具有高度的思想觉悟、高尚的道德品质;等等。但在同时,作为彻底的唯物主义者,马克思恩格斯又强调自己是不断发展论者,不打算把什么最终规律强加给人类,提出那些对未来非资本主义社会区别于现代社会的特征的看法,是从历史事实和发展过程中得出的确切结论,如果不结合这些事实和过程去加以阐明,就没有任何理论价值和实际价值。

开辟人类历史的新时代

马克思主义理论体系的创立,为全世界无产阶级的解放事业提

原因之二
马克思主义是改变世界的强大力量

供了最强大的理论武器。在马克思主义理论的指导之下，世界无产阶级运动蓬勃兴起，并先后建立了社会主义国家，开辟了人类历史的新时代。

1848年，欧洲爆发了声势浩大的革命，革命风暴席卷了欧洲大陆，波及法国、德国、奥地利、意大利等诸多国家。马克思恩格斯积极地投身到革命洪流之中，他们参加群众革命组织，创办革命机关报《新莱茵报》，指导德国和欧洲革命，声援各国人民的革命斗争。1848年革命虽然不是社会主义革命，但它毕竟为社会主义革命扫清了道路。法、德等国的无产阶级在革命斗争中经受了严峻的考验，显示了独立作用。革命进入低潮后，马克思恩格斯撰写了《1848年到1850年的法兰西阶级斗争》、《德国的革命和反革命》等著作，总结革命经验教训，在无产阶级革命、无产阶级专政、工农联盟等问题上提出了一些新的认识，准备迎接新的革命高潮的到来。

1871年的法国巴黎公社，是第一次在马克思主义指导下建立无产阶级专政的伟大尝试。巴黎公社从无产阶级和劳动人民的根本利益出发，公布和实施了许多具有深远影响的革命措施，如废除资产阶级常备军，代之以人民武装；废除资产阶级议会制，摒弃三权分立的政权形式，由立法、行政统一的公社行使权力；公社的公职人员由普选选出，可以随时撤换；取消高薪；实行兼职不兼薪的制度；没收逃亡资本家的工厂，交给工人合作社管理；成立救济贫民的专门机构；设立劳动就业登记处；实行政教分离，没收教会所有的财产；等等。尽管巴黎公社最后被反动势力所绞杀，但它首创了一个新世界，并用自己的光辉实践有力证明了无产阶级是资本主义旧世界的掘墓人和新世界的创造者，国际共产主义运动也因巴黎公社而揭开了新篇章。

巴黎公社迈出了具有世界历史意义的第一步，而俄国苏维埃政权完成了第二步。1917年俄国十月革命胜利后，世界上出现了第一个社会主义国家——苏维埃社会主义共和国。它打破了资本主义一

为什么要坚持马克思主义

欧仁·鲍狄埃

1871年6月,巴黎公社革命失败的硝烟还未散尽,公社委员欧仁·鲍狄埃创作了一首题为《英特纳雄耐尔》的六节格律诗。1888年6月由法国工人作曲家狄盖特谱曲,遂成为《国际歌》。100多年来,《国际歌》成为国际无产阶级的战歌,被翻译成世界各国文字,传遍地球上每一个角落,响彻寰宇。

统天下的局面,向全世界宣告一种新的社会制度由理想变为现实。在没有任何现成经验可以借鉴的情况下,布尔什维克党按照马克思恩格斯关于未来社会的大致设想,对如何建设社会主义进行了艰辛探索。到20世纪40年代,苏联实现了国家工业化和电气化、农业的集体化和机械化。1936年苏联工业总产值居欧洲第一位,世界第二位,已经由落后的农业国变成了工业强国,劳动人民的物质生活水平和文化生活水平都有了较大提高,社会面貌发生了翻天覆地的变化。不可否认,苏联在这一时期的社会主义建设中存在着一些缺点和失误,但与同时期的资本主义世界相比,苏联的成就是令人瞩目的。它初步显示了社会主义相比于资本主义制度的优越性,展示了人类未来发展的美好前景。这一时期苏联综合国力的大幅度增强,也为赢得反法西斯战争的胜利奠定了坚实的物质基础。

第二次世界大战是人类文明的空前浩劫,但它的胜利又极大地推动了人类社会发展,改变了世界面貌。在反法西斯战争中,各国共产党团结和组织民众积极开展斗争,力量不断壮大。一些国家的共产党还互相合作,互相支援。到二战结束后,社会主义制度已经越出一国的范围,在欧洲、亚洲、拉丁美洲获得了迅猛发展。波兰、捷克斯洛伐克、匈牙利、中国、朝鲜、古巴等15个国家先后走上社

原因之二
马克思主义是改变世界的强大力量

会主义道路，实现了社会主义发展史上的又一次大飞跃。社会主义从一国到多国的发展，不仅迅速改变了这些国家的政治经济面貌，向世界展示了社会主义制度的强大生命力，而且改变了19世纪末以来帝国主义主宰世界的局面，形成了足以与资本主义相抗衡的社会主义力量。社会主义国家高举反对帝国主义霸权的旗帜，与国际上一切主持正义的国家和爱好和平的人民共同努力和斗争，反对单极世界，倡导建立国际政治经济新秩序，在一定程度上遏制了帝国主义和霸权主义的扩张，改变了世界格局。

马克思主义在世界范围内的广泛传播和社会主义力量的不断增长，还有力推动了亚、非、拉美民族解放运动的蓬勃发展，最终埋葬了野蛮的世界殖民体系。十月革命的胜利为殖民地半殖民地国家树立了一个榜样，即可以不通过发达的资本主义发展阶段，走上社会主义的发展道路。从此，西方无产阶级和东方被压迫民族汇合成一股震撼世界的革命洪流，把世界无产阶级革命和被压迫民族的斗争推进到一个新的历史阶段。二战后社会主义由一国到多国的发展，进一步鼓舞了殖民地半殖民地国家人民反帝、反殖、争取民族解放的斗争，一百多个殖民地国家先后获得了民族独立，持续几百年的殖民体系彻底瓦解。独立之后的经济落后国家，摆脱了任帝国主义宰割的命运，成为推动世界历史前进的重要力量。人类文明在20世纪的这一重大进步，显然是与马克思主义分不开的。

马克思主义的诞生和不断胜利，也给资本主义带来了巨大的压力，在一定程度上改变了资本主义面貌。马克思主义关于资本主义发展规律等的阐释，不仅敲响了资本主义的丧钟，也撞响了资本主义的警钟。面对不断爆发的资本主义危机、风起云涌的工人运动以及社会主义实践呈现出的巨大优越性，资产阶级不得不直接或间接、自觉或不自觉地从马克思主义学说及其实践过程中汲取丰富的营养和经验教训，以挽救自己的统治。如在所有制方面，一些西方国家特别是西欧国家，曾纷纷推行国有化政策，将一些关系到国计民生

为什么要坚持马克思主义

的大企业收归国有；在经济运行方面，一些主要资本主义国家也采取计划调节、由国家对公共服务进行直接投资、对国民收入进行再分配、建立社会福利制度等措施干预经济，克服资本主义的一些弊端。这些改良或改革尽管是资产阶级在民主社会主义、凯恩斯主义等名义下进行的，但在某种程度上无疑是采纳了马克思主义的经典之处。从历史上来看，马克思主义也已经在一定程度上改变了资本主义面貌，从而也改变了世界的面貌。当然，资本主义的各种调整只是在资本主义生产关系自身范围内的调整，并没有也不可能改变资本剥削劳动的本质，更不是资本主义与社会主义的"趋同"。

蓝鹰

针对 1929—1933 年的经济危机，罗斯福采取了政府大规模干预经济的措施。"蓝鹰运动"是罗斯福新政的措施之一。政府以印第安人崇拜的神鸟蓝鹰为标记，凡遵守《全国工业复兴法》的企业悬挂蓝鹰标志。蓝鹰一只脚踩的是齿轮，一只脚踩的是闪电。当时的《时代周刊》在每期封面上也印上了蓝鹰，以表现美国人民对"新政"的拥护。

20 世纪 90 年代初，苏东社会主义国家发生剧变，社会主义运动遭受到空前的大挫折。一时间，"马克思主义失败论"、"马克思主义过时论"、"社会主义灭亡论"等喧嚣四起。面对形形色色的对马克思主义大肆诋毁的观点，一些人放弃了马克思主义。但也有一些人依然对马克思主义充满信心，提出没有对马克思的记忆，没有马克思的遗产，也就没有将来；资本主义存在一天，马克思的武器就不会消亡等观点,强调马克思主义作为一种变革世界的力量仍旧发挥着作用。21世纪以来历史的发展为这种认识作出了最好的注脚。面对全球范围内的金融危机,许多人重新捧起了《资本论》,试图从中找到资本主义金融危机产生的根源。大学里关于马克思主义理论的课程变得受欢迎,一些被西方理论界所鄙视、否认或回避的马克思主义观点,如马克思主义所揭示的资本主义的矛盾和经济社会发展规律,马克思主义关于当代经济全球化冲突与实质的分析,马克思主义关于人的解放的思想等,也正在被重视和重新认识。关于马克思主义的研究正在复兴。

马克思主义仍然是变革世界力量的另一重要体现,就是马克思主义指导下中国特色社会主义事业的快速发展。中国特色社会主义道路的选择,使得中国经济迅猛发展,人民生活水平极大提高,综合国力急剧增强,一个和平的中国开始在世界崛起。在当代中国,坚持中国特色社会主义道路,就是真正坚持社会主义;坚持中国特色社会主义理论体系,就是真正坚持马克思主义。

屹立于世界东方的新中国

马克思主义是科学的世界观和方法论,在马克思主义指导下,中国革命、建设和改革取得了一个又一个的胜利。当代中国已经成为世界发展最快的国家之一,国际地位日益提高,中华民族将以更加伟岸的身姿巍然屹立于世界民族之林。

只有社会主义才能救中国,只有中国特色社会主义才能发展中国,这是对近百年来中国历史发展的科学总结。1840年以后,中国逐步沦为半殖民地半封建社会。为救亡图存、振兴中华,各种政治力量进行了种种努力和探索。从太平天国运动到洋务运动,从戊戌变法到辛亥革命,都没有完成救亡图存的民族使命和反帝反封建的历史任务。十月革命一声炮响,给中国送来了马克思主义。在马克

为什么要坚持马克思主义

思主义理论指导下，中国共产党人成功探索出了一条农村包围城市、武装夺取政权的道路，取得了新民主主义革命的胜利，建立了新中国。新民主主义革命的胜利，结束了帝国主义、封建主义和官僚资本主义在中国的统治，劳动人民成为新中国的主人；它在一个人口占全世界近四分之一的大国里，冲破帝国主义的东方战线，从而大大改变了世界政治力量的对比，增强了世界反帝国主义反殖民主义的力量。

陈望道先生于1920年通过日译本翻译完成的《共产党宣言》，是该书的第一个中文译本，也是我国用中文出版的第一本马克思主义著作。陈望道的名字，因翻译了《共产党宣言》而永垂中共党史，被誉为"千秋巨笔"。

陈望道翻译的《共产党宣言》

新中国成立后，伴随着国民经济恢复、社会主义改造等任务的完成，社会主义制度最终确立起来，实现了中国社会历史的巨大飞跃。在推进社会主义建设的进程中，我国逐步建立了独立的比较完整的工业体系和国民经济体系，农业生产条件发生显著改变，教育、科学、文化、卫生、体育事业也有了很大发展，人民生活水平得到了极大改善。毛泽东曾经在《关于正确处理人民内部矛盾的问题》中说过这样一段话，当人民推翻了帝国主义、封建主义和官僚资本主义的统治之后，中国要向哪里去？向资本主义，还是向社会主义？

原因之二
马克思主义是改变世界的强大力量

有许多人在这个问题上的思想是不清楚的。事实已经回答了这个问题：只有社会主义能够救中国。但在中国这样的落后东方国家建设社会主义毕竟是个新鲜事物，由于建设社会主义事业经验不多以及"左"倾思想的影响，社会主义建设也出现了一些失误。

十一届三中全会前后，中国向何处去的问题又一次被提了出来。针对"中国要补资本主义的课"、"社会主义不如资本主义"等观点，邓小平反复阐明"只有社会主义才能救中国，只有社会主义才能发展中国"这个命题，提出如果不搞社会主义，而走资本主义道路，中国的混乱状态就不能结束，贫困落后的状态就不能改变。在坚持马克思主义的前提下，中国共产党带领全国各族人民在改革开放实践中开创了中国特色社会主义道路，取得了举世瞩目的伟大成就：1978—2008年，我国经济发展保持了年均9.8%的快速增长，综合国力大幅度提升，一大批重要工农业产品产量跃居世界首位；文化事业和文化产业日益繁荣，科学教育水平不断提高，人们的精神面貌发生了深刻变化；人民的生活水平实现了从温饱不足到总体小康的历史性跨越，医疗、就业、社会保障等民生问题日益受到重视并正在逐步解决；等等。事实雄辩地证明了中国特色社会主义无可比拟的优越性，马克思主义在中国大地上再次焕发出勃勃生机。

中国特色社会主义的理论与实践极大地改变了中国的面貌，也在某种程度上改变着世界历史的进程。在理论层面上，中国特色社会主义在坚持马克思主义基本原理的基础上，摈弃了许多过去对马克思主义的教条式的或错误的理解，提出了许多创新性的理论认识，对其他社会主义国家、广大发展中国家，乃至世界各国都产生了重要的影响，提供了有益的借鉴和启示，如提出社会主义可以和市场经济相结合的理论；社会主义发展阶段的理论；革命党与执政党的理论；以人为本、全面协调可持续发展的理论；坚持走和平发展道路，奉行互利共赢的开放战略，建设一个民主、和谐、公正、包容的和谐世界的理论；坚持以经济体制改革为重点；把对外开放和对

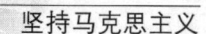

内改革结合起来；注意政治体制改革和经济体制改革的衔接；充分发挥改革的正效应和尽量减少改革的负效应；等等。在实践的层面上，中国特色社会主义对世界进程的影响主要表现为，中国越来越成为世界形势发展变化中一个不可或缺的因素，它打破了原来由超级大国支配的世界政治格局，推动着世界格局逐渐从单极向多极发展，并在相当程度上影响了世界的和平与发展。

总之，中国革命的胜利，是马克思主义的胜利。中国社会主义建设和改革的胜利，也是马克思主义的胜利。坚持走中国特色社会主义道路，不但是给占世界总人口四分之三的第三世界走出了一条路，更重要的是向全人类表明，社会主义是必由之路，社会主义优于资本主义。

原因之三

马克思主义是社会主义的旗帜和灵魂

马克思主义是我们立党立国的根本指导思想,是社会主义意识形态的旗帜和灵魂,它在社会主义意识形态建设中居于核心地位。

原因之三
马克思主义是社会主义的旗帜和灵魂

马克思主义不仅是在广泛吸取和借鉴人类文明成果的基础上创立起来的科学理论体系,而且也是指引无产阶级争取自身解放并最终解放全人类的具有鲜明阶级性的思想武器。在中国社会主义革命和建设的发展进程中,马克思主义是我们立党立国的根本指导思想,是社会主义意识形态的旗帜和灵魂,它在社会主义意识形态建设中居于核心地位。只有坚持马克思主义,才能提高中国共产党领导意识形态工作的能力,才能在推进中国特色社会主义事业的发展中更好地把握前进的方向。

社会主义意识形态面临的挑战和任务

新中国成立以后,马克思主义在我国社会主义意识形态中的主导地位得到确立,社会主义意识形态得到广大人民群众的信仰并认同。1956年4月,毛泽东在《论十大关系》中,强调了要把马克思主义普遍原理同中国实际相结合,认为我们要学的是属于普遍真理的东西,并且学习一定要与中国实际相结合。我们的理论,是马克思列宁主义的普遍真理同中国革命的具体实践相结合。同年,中共中央发出通知,要求全党克服实际工作中的主观主义即教条主义和经验主义,特别是克服学习马克思列宁主义和外国经验中的教条主义倾向,克服学术研究、报刊宣传、教学工作中的教条主义、宗派主义和党八股。显然,坚持马克思主义与中国实际相结合的正确方向,是马克思主义在我国社会主义意识形态中的指导地位得以确立的一条重要经验。

《论十大关系》

为什么要坚持马克思主义

意识形态（ideology），是指一定社会的阶级、集团基于自身利益对现存社会关系自觉反映而形成的认知体系。它由一定的政治、法律、哲学、道德、艺术、宗教等社会学说、观点所构成，反映了一定阶级或集团的利益取向和价值取向，并为其服务，成为其政治纲领、行为准则、价值取向、社会思想的理论依据。意识形态的内容，是社会的经济基础、人与人的经济关系的反映。

党的十一届三中全会以后，随着社会主义市场经济体制的建立和发展、社会阶层结构的变化、社会利益集团的分化，思想文化领域出现了多样化，主流意识形态趋于弱化、淡化，非主流意识形态发生了十分复杂的分化。在主流意识形态之外，各种社会思潮如新儒学、新自由主义、新保守主义、新利己主义、后现代主义、拜金主义、历史虚无主义等此起彼伏、层出不穷。这些社会思潮的意识形态理论通过各种渠道，譬如文学艺术、影视媒体、互联网等，广泛地传入中国社会，从而使我国社会主义意识形态面临着新的挑战和新的任务。

第一，全球化的挑战。全球化的进一步发展使经济利益成为国际关系的主导因素，正如美国学者罗纳德·H·奇尔科特（Ronald H. Chilcote）所说的，资本主义全球化的逻辑，正是在于要在全球范围开发经济，把政治和意识形态置于经济需求的从属地位。在全球化条件下，资本主义与社会主义在意识形态领域的争斗开始以新的形式呈现，意识形态的功能开始借助经济发展优势发挥作用，意识形态的渗透、斗争和较量主要通过企业集团的经济力量进行。可见，经济力量和意识形态的结合成为资本主义与社会主义意识形态争斗的决定性因素。

但是，伴随我国经济的快速发展也出现了一些严重问题，如我国城乡之间、地区之间以及不同阶层之间经济发展的不平衡导致了城乡之间、地区之间以及不同阶层之间占有资源的不平衡，进而使

原因之三
马克思主义是社会主义的旗帜和灵魂

他们在基本生活质量、文化教育水平以及医疗卫生服务等方面享有的资源和服务上存在着相当悬殊的差距。要使我国的经济发展成果能真正惠及劳动人民，实现社会主义本质的要求，就必须解决城乡、地区、阶层之间差距悬殊的问题。因此，面对全球化的挑战，我们必须充分利用经济力量和意识形态的结合，在以经济建设为中心的前提下，使物质文明建设、精神文明建设、政治文明建设、生态文明建设相互促进，协调发展，确立社会主义意识形态在社会生活中的地位，真正发挥社会主义意识形态的主导作用，增强社会主义意识形态战斗力，确保我国经济建设沿着社会主义发展方向前进。这就成为社会主义意识形态建设的一项重要任务。

　　第二，网络化的挑战。当前，信息传播正在经历深刻的革命，信息的网络化已深刻改变了人们的生存和思维方式。网络的信息传播特点就是扁平化、互动性、多样性，对网络信息利弊的甄别很难形成一个统一的价值判断标准。网络所具有的全球性、虚拟性、互动性、自由性、快捷性和开放性，给社会主义意识形态带来了严峻挑战，使社会主义意识形态对整个社会信息的控制和导向的难度加大。网络技术手段和意识形态的结合成为当前意识形态领域斗争的一个重要手段。要把网络变成宣传社会主义意识形态的阵地，必然要求我们提高对网络技术的驾驭能力和加强网上宣传工作。一方面，我们要加强互联网技术的开发和利用，增强对互联网的控制力和不良信息的屏蔽能力；另一方面，我们要加强对网络宣传工作的组织和领导，用马克思主义理论占领网络宣传的阵地，用正面宣传的声音占领宣传阵地，防止各种错误观点、言论在网上自由泛滥，打击和取缔网上的非法政治活动。坚持党管媒体的原则，增强引导舆论的本领，掌握舆论工作的主动权，高度重视互联网等新型传媒对社会舆论的影响，形成网上正面舆论的强势，营造健康向上的网络环境，探索网络化条件下舆论工作的规律。因此，面对网络化的挑战，我们必须充分利用网络技术手段和意识形态的结合，采取各种有效措施，掌握信息文化发展的主动权，确立社会主义意识形态在社会生活中的地位，真正发挥社会主义意识形态的主导作用，增强社会主义意识形态战斗力。这也就成为社会主义意识形态建设的一项重要任务。

第三，市场化的挑战。社会主义市场经济的运行和发展，使得社会经济成分、组织形式、就业方式、利益关系和分配方式日益多样化，人们的思想空前活跃，价值观呈现出多样化趋势，出现了诸如道德滑坡、腐败和个人至上思潮等一些消极因素，严重地削弱了我国社会主义意识形态的力量。意识形态领域中影响社会稳定的因素日趋复杂。社会主义市场经济的发展和完善，在通过要求人们增强自主意识、竞争意识、效率意识、民主法制意识和开拓创新意识，促进社会主义意识形态建设的同时，也以市场经济的盲目性、自发性等弊端，诱发了自由主义、分散主义、拜金主义、享乐主义、利己主义以及贫富差距拉大等社会问题，从而冲击着社会主义意识形态。因此，调动一切积极因素，正确处理竞争与协作、效率与公平、先富与共富、经济效益与社会效益等关系，形成把国家和人民利益放在首位而又充分尊重公民合法个人利益的社会主义义利观，形成健康有序的经济和社会生活规范，形成中国特色社会主义现代化建设的共同理想、价值观念和道德规范，防止和遏制腐朽思想和丑恶现象的滋长蔓延，必然成为确立社会主义意识形态在社会生活中的地位、真正发挥社会主义意识形态的主导作用、增强社会主义意识形态战斗力、保证社会健康发展的重要任务。

第四，西化、分化的挑战。西方敌对势力为了称霸全球，把我国社会主义的日益发展看做是他们称霸的障碍，因而对我国社会主义意识形态进行了多渠道、多途径的渗透与颠覆。一方面，他们丑化社会主义中国，美化资本主义制度；另一方面，他们也通过西化、分化的手段，推销自己的意识形态，培植"内应人员"，播撒"自由种子"，以期从内部瓦解社会主义。我国社会主义意识形态与西方敌

原因之三
马克思主义是社会主义的旗帜和灵魂

对势力意识形态的渗透与反渗透、颠覆与反颠覆斗争日趋复杂和激烈。

政治力量和意识形态的结合成为当前意识形态领域斗争的发展趋势。一方面，需要我们在中外文化的相互交融与激荡中保持文化的先进性和创新力，应对和警惕西方敌对势力西化、分化中的"文化侵略"和恃强凌弱的"文化霸权"，以及包藏祸心的"文化渗透"，识破西方敌对势力"使我们在精神上解除武装，进而颠覆社会主义制度"的企图；另一方面，需要我们加强社会主义意识形态与民族文化的融合，在大力培育和弘扬民族文化精神的过程中融入社会主义意识形态的文化精髓，在社会主义意识形态的建设过程中打上民族文化精神的烙印。因此，在全球化的历史进程中扩大对外开放，就必须吸收外国的优秀文明成果，弘扬传统文化的精华，防止和消除文化垃圾的传播，通过加强先进文化建设抵御西方敌对势力西化、分化的图谋，这也是确立社会主义意识形态在社会生活中的地位、真正发挥社会主义意识形态的主导作用、增强社会主义意识形态战斗力的重要任务。

社会主义意识形态建设以马克思主义为指导

面对全球化、网络化、市场化、西化和分化的挑战，要完成确立社会主义意识形态在社会生活中的地位、真正发挥社会主义意识形态的主导作用、增强社会主义意识形态战斗力的重要任务，就必须坚持马克思主义在社会主义意识形态建设中的指导地位。

马克思主义是我国社会主义意识形态的指导思想，它不仅是哲学社会科学建设的根本，也是治党治国的根本。以马克思主义为指导不是一句空话，而是要以马克思主义的立场、观点和方法，以马克思主义基本原理指导哲学社会科学其他学科的建设，指导中国特色社会主义的发展，用马克思主义的最新成果引领社会主义意识形态的建设和发展。社会主义意识形态建设迫切需要以马克思主义的

为什么要坚持马克思主义

最新成果为指导,回答意识形态领域中的重大理论和现实问题,需要以马克思主义的最新成果为指导,对新现象、新问题作出新的理论概括和总结,不断推出有理论深度、有社会影响、有创新价值的理论成果,丰富社会主义意识形态理论体系,使社会主义意识形态具有强大的说服力、战斗力、吸引力,真正成为社会思潮的主导力量,为社会大多数成员提供精神支撑。

位于伦敦的马克思墓,世界各地前来瞻仰的人络绎不绝

马克思主义在社会主义意识形态建设中的指导地位源于它的发展性。

首先,马克思主义的发展性深刻地蕴含在马克思主义基本原理之中。马克思主义基本原理在其运用中,不仅已经包含着发展这些基本原理的规定性,而且也包含着必须根据变化的历史环境和新的历史条件,对这些原理加以发展的规定性。例如,马克思在提出资本主义积累一般规律这一基本原理时就指出:这一规律像其他一切规律一样,在其实现过程中也会由于各种各样的情况而有所变化。这就是说,马克思主义基本原理绝不是僵死不变的,而是随着基本

原因之三
马克思主义是社会主义的旗帜和灵魂

原理据以产生的具体情况的变化而不断发展和完善的。又如，马克思晚年曾提醒人们注意，不要把他在《资本论》中关于西欧资本主义起源的一般原理，当做世界各国发展道路的"历史哲学理论"，如果这样做的话，那就会在给他"过多的荣誉"的同时，也不可避免地给了他"过多的侮辱"。实际上，这样的"历史哲学理论"只可能是"超历史"的理论。如果不根据具体的历史环境的变化和历史条件的更新，完全照搬马克思主义的基本原理或现成结论，实际上就不是"站在"，而是"躺在"马克思主义基本原理上了。只有不可救药的书呆子，才会仅仅依靠引证马克思主义的某一基本原理，直接用以解决当前发生的独特而复杂的问题。

其次，马克思主义的发展性集中地表现在马克思主义的开放性和创造性上。马克思主义的开放性主要在于：马克思主义永远和自己时代的现实世界接触并相互作用，关注和研究自己时代提出的最迫切需要解决和回答的重大课题，马克思主义也不是离开世界文明发展大道的一种故步自封的宗派主义体系，相反，马克思主义在它发展的每一阶段，都不断地吸收同时代的社会科学和自然科学发展中任何有价值的科学成果；马克思主义绝不认为自己是要人们向它膜拜的"终极真理"，相反，马克思主义总是从发展着的世界本身的原理中，为人们认识世界、改造世界阐发新的理论。马克思主义的创造性是其开放性的必然继续。马克思主义的创造性根植于马克思主义基本原理同具体实际的结合之中。马克思主义创造性的基点则在于坚持马克思主义基本原理，离开这一基点，对马克思主义的所谓"创造"就可能偏离马克思主义的正确轨道，甚至可能成为曲解、背弃马克思主义的代名词。创造性地发展马克思主义本身，也就意味着马克思主义基本原理的新发展。

马克思主义在社会主义意识形态建设中的指导地位，直接体现在它是发展中国特色社会主义的行动指南。中国特色社会主义是中国共产党确立的伟大事业，是中国共产党领导中国人民实行改革开

为什么要坚持马克思主义

放和现代化建设的前进方向，是当代中国发展进步和全党全国各族人民团结奋斗的伟大旗帜。

改革开放30多年来，我国在经济、文化等方面都发生了深刻的变化。在经济上，我们坚持以公有制为主体，大力发展非公有制经济，确立了以公有制为主体，多种所有制经济共同发展的社会主义基本经济制度。30多年的实践证明，确立和实行这一基本经济制度，有效地消除了由于所有制结构不合理而对生产力发展造成的羁绊，大大解放和发展了生产力。以马克思主义为指导，建设中国特色社会主义经济，是不能颠倒社会主义基本经济制度中主体与非主体的地位的。坚持公有制的主体地位，各种所有制经济在市场竞争中发挥各自优势，平等竞争、相互促进、共同发展，必须以马克思主义为指导，才能真正做到公有制经济和非公有制经济、国有经济和非国有经济，都有自己的用武之地，都可以大显身手，从而保证我国经济发展的社会主义方向。

由于我国经济成分的多元化、经济利益关系的多样性，所以，我国现阶段人们的价值观、兴趣爱好、文化选择也是多元的。文化表现为高雅艺术、通俗艺术、思想性比较强的艺术、以休闲消遣为主的艺术等多种类型。在这种多元文化中，只有坚持马克思主义的指导地位，才能保证我国文化的社会主义性质，才能使各种不同类型的文化起到为社会主义和谐社会建设服务的作用，也才能消除意识形态领域出现的一些与主旋律格格不入的杂音和噪音，推进中国特色社会主义文化事业的发展。

从毛泽东对中国社会主义建设基本问题的思考，确立了中国特色社会主义建设道路开始，到邓小平根据中国改革开放和现代化建设的伟大实践，创立和发展中国特色社会主义理论，再到江泽民、胡锦涛依据新的发展形势、发展要求，对中国特色社会主义事业的推进，都充分证明了确立马克思主义在我国社会主义意识形态建设中的指导地位的重要性。

原因之三
马克思主义是社会主义的旗帜和灵魂

社会主义意识形态发展的基础

以马克思主义为指导的社会主义意识形态，是通过自身的科学性、学术性和先进性，通过执政党的地位和权威，渗透到社会的各个领域和层面，对整个社会和文化起到一种教育和规范作用，并对保持政治稳定和促进经济发展起到巨大的推动作用。

社会主义意识形态发展的基础，首先在于中国共产党具有创新马克思主义的能力。捍卫、发展和创新社会主义意识形态，关键在于中国共产党必须有一条正确的思想路线和政治路线。我国处在并将长期处在社会主义初级阶段。中国共产党从这一基本国情出发，在科学认识社会的主要矛盾的基础上，形成了社会主义初级阶段中党的基本路线，即领导和团结全国各族人民，以经济建设为中心，坚持四项基本原则，坚持改革开放，自力更生，艰苦创业，为把我国建设成为富强民主文明和谐的社会主义现代化国家而奋斗。中国共产党的基本路线是党在社会主义初级阶段为解决社会主要矛盾、完成党的主要任务而制定的总方针、总政策，是制定各项具体方针、政策的根本指南。毫不动摇地坚持党的基本路线，把它统一于建设中国特色社会主义的伟大实践，是使中国共产党能够保持在意识形态领域先进性的重要前提。

我国的社会主义初级阶段至少要经历上百年时间，在其不同发展时期也会呈现不同的特征。现阶段我国发展呈现出的新的阶段性特征是：（1）经济实力显著增强，但生产力总体水平还不高，自主创新能力还不强，长期形成的结构性矛盾和粗放型增长方式尚未根本改变；（2）社会主义市场经济体制初步建立，但影响发展的体制机制障碍依然存在，改革攻坚面临深层次矛盾和问题；（3）人民生活总体上达到小康水平，但收入分配差距拉大趋势还未根本扭转，城乡贫困人口和低收入人口还

为什么要坚持马克思主义

有相当数量，统筹兼顾各方面利益难度加大；(4) 协调发展取得显著成绩，但农业基础薄弱、农村发展滞后的局面尚未改变，缩小城乡、区域发展差距和促进经济社会协调发展任务艰巨；(5) 社会主义民主政治不断发展、依法治国方略得到扎实贯彻，但民主法制建设与扩大人民民主和经济社会发展的要求还不完全适应，政治体制改革需要继续深化；(6) 社会主义文化更加繁荣，但人民精神文化需求日趋旺盛，人们思想活动的独立性、选择性、多变性、差异性明显增强，这对发展社会主义先进文化提出了更高要求；(7) 社会活力显著增强，但社会结构、社会组织形式、社会利益格局发生深刻变化，社会建设和管理面临诸多新课题；(8) 对外开放日益扩大，但面临的国际竞争日趋激烈，发达国家在经济科技上占优势的压力长期存在，可以预见和难以预见的风险增多，这对统筹国内发展和对外开放提出了更高的要求。

北京天安门广场竖立起巨型标语牌"落实科学发展观　构建社会主义和谐社会"

原因之三
马克思主义是社会主义的旗帜和灵魂

马克思列宁主义同中国实际相结合有两次历史性飞跃，产生了两大理论成果。第一大理论成果是被实践证明了的关于中国革命和建设的正确的理论原则和经验总结，它的主要创立者是毛泽东，我们党把它称为毛泽东思想。第二次飞跃的理论成果是邓小平理论，它的主要创立者是邓小平。这两大理论成果都是党和人民实践经验和集体智慧的结晶。继这两大理论成果之后，以江泽民为核心的党的第三代中央领导集体，把马克思主义基本原理同中国的具体实际和时代特征相结合，大胆创新，提出了一系列新思想、新观点、新举措，在理论与实践上全面发展了邓小平理论。"三个代表"重要思想就是这种理论创新的集中体现。党的十六大以来，以胡锦涛同志为总书记的党中央继承发展毛泽东思想、邓小平理论和"三个代表"重要思想关于发展的思想，立足社会主义初级阶段基本国情，深入分析我国发展的阶段性特征，总结和借鉴中外发展经验教训，适应新的发展要求，提出树立和落实科学发展观。党的十七大正式把科学发展观写进了党章。党的十八大进一步强调，必须把科学发展观贯彻到我国现代化建设全过程、体现到党的建设各方面。科学发展观是马克思主义同当代中国实际和时代特征相结合的产物，是马克思主义关于发展的世界观和方法论的集中体现，是中国特色社会主义理论体系的最新成果，是中国共产党集体智慧的结晶，是指导党和国家全部工作的强大思想武器。科学发展观同马克思列宁主义、毛泽东思想、邓小平理论、"三个代表"重要思想一道，是党必须长期坚持的指导思想。由此可见，中国共产党是能够始终把握时代发展的脉搏、分析实践的发展变化、发展和创新马克思主义理论的政党。

社会主义意识形态发展的基础，还在于中国共产党具有领导意识形态工作的能力。中国共产党作为一个为劳动人民谋利益、为社会主义谋发展的政党，必须在指导思想上坚持马克思主义的指导地位，提高自己领导意识形态工作的能力。

为什么要坚持马克思主义

首先,必须搞清楚马克思主义的含义,搞清楚马克思主义与马克思恩格斯列宁学说的关系,搞清楚马克思主义基本原理与马克思恩格斯列宁在一定时间、一定条件下提出的理论的区别,搞清楚哪些是我们必须长期坚持的马克思主义基本原理,哪些是需要结合新的实际加以丰富发展的理论判断,哪些是必须破除的对马克思主义的教条式的理解,哪些是必须澄清的附加在马克思主义名下的错误观点。

其次,必须要具备在现实中破除对马克思主义的错误的和教条式的理解,抵制各种否定马克思主义的错误观点的能力。马克思主义在它的发展过程中经历了风风雨雨的考验,经受着来自各个方面的挑战,宣扬马克思主义已经"过时"的论调、断言马克思主义已经"被颠覆"的奇谈怪论自马克思主义诞生之日起就层出不穷。今天,在社会主义的发展中这些论调和奇谈怪论仍然有着一定的市场。如何破除对马克思主义的错误的和教条式的理解,抵制各种否定马克思主义的错误观点,就成为中国共产党加强意识形态领域工作的重要前提。

此外,还必须科学总结新中国成立后中国共产党60多年来意识形态工作实践的历史经验与教训,这决定着中国共产党领导意识形态工作能力的不断提高,有利于在推进中国特色社会主义发展中更好地把握前进的方向。

原因之四

马克思主义是中国特色社会主义的源泉

在当代中国,没有马克思主义,就没有中国特色社会主义理论体系;只有坚持马克思主义,才会有中国特色社会主义理论体系;坚持中国特色社会主义理论体系,就是真正坚持马克思主义。

原因之四
马克思主义是中国特色社会主义的源泉

党的十八大报告指出，中国特色社会主义理论体系，就是包括邓小平理论、"三个代表"重要思想、科学发展观在内的科学理论体系，是对马克思列宁主义、毛泽东思想的坚持和发展。这个理论体系，凝结了几代中国共产党人带领人民不懈探索实践的智慧和心血，是马克思主义中国化最新成果，是党最可宝贵的政治和精神财富，是全国各族人民团结奋斗的共同思想基础。在当代中国，没有马克思主义，就没有中国特色社会主义理论体系；只有坚持马克思主义，才会有中国特色社会主义理论体系；坚持中国特色社会主义理论体系，就是真正坚持马克思主义。

中国特色社会主义坚持了马克思主义的实践性

马克思主义是以实践为基础产生并发展起来的科学。马克思主义的产生、马克思主义的每一次重大发展，绝非"先哲"的主观臆想，而是和一定的社会实践、一定时代的社会实践要求相联系的。马克思主义不是书斋中的学问，而是来自于实践、归之于实践、用于指导实践的理论。马克思主义所具有的生机勃勃的活力正是通过它的实践性体现出来的。实践性是马克思主义的本质特征，一切从实际出发、实事求是是马克思主义的精髓和活的灵魂。

> "实事"就是客观存在着的一切事物，"是"就是客观事物的内部联系，即规律性，"求"就是我们去研究。我们要从国内外、省内外、县内外、区内外的实际情况出发，从其中引出其固有的而不是臆造的规律性，即找出周围事变的内部联系，作为我们行动的向导。而要这样做，就须不凭主观想象，不凭一时的热情，不凭死的书本，而凭客观存在的事实，详细地占有材料，在马克思列宁主义一般原理的指导下，从这些材料中引出正确的结论。
> ——毛泽东

为什么要坚持马克思主义

中国特色社会主义理论体系坚持马克思主义，就在于它自始至终贯穿了马克思主义产生和发展的实践基础，具有鲜明的实践特色。

第一，中国特色社会主义理论体系坚持实事求是、解放思想的思想路线和与时俱进的思想方法。改革开放以来，在中国特色社会主义理论体系的形成中，从邓小平理论到"三个代表"重要思想，再到科学发展观，不断突破对马克思主义的教条式理解，坚持马克思主义基本原理与中国社会主义建设实践的结合，根据新的实践不断发展和完善毛泽东在新民主主义革命时期确立的实事求是的思想路线，创造性地提出了一系列新思想、新观点、新论断，丰富和发展了马克思主义。

实事求是，就是一切从客观实际出发，理论联系实际。在马克思主义中国化的历史进程中，毛泽东率先确立了中国共产党的实事求是的思想路线，实现了马克思主义与中国具体实际结合的第一次历史性飞跃，领导中国人民取得了革命的胜利和开创了中国特色社会主义的探索之路。邓小平明确地将实事求是概括为"毛泽东思想的基本点"、"马克思主义的精髓"。邓小平在改革开放的新的历史时期，以巨大的政治勇气和理论勇气恢复和发展了毛泽东确立的这一党的思想路线，坚决反对从本本出发、思想僵化，他强调，一个党，一个国家，一个民族，如果一切从本本出发，思想僵化，迷信盛行，那它就不能前进，它的生机就停止了，就要亡党亡国。只有解放思想，坚持实事求是，中国特色社会主义建设才能顺利进行，社会主义事业才有希望。从党的十三届四中全会到十六大，江泽民高举邓小平理论的伟大旗帜，坚持党的思想路线，在强调"解放思想、实事求是，是马克思主义活的灵魂，也是我们认识新事物、适应新形势、完成新任务的根本思想武器"的同时，认为"解放思想、实事求是"是中国特色社会主义取得伟大成就的根本原因，是中国共产党永葆先进性、创造性的决定性因素，所以，如果没有全党坚持解放思想、实事求是，就不可能有改革开放和现代化建设的一系列新政策，也就不可能有今天这样党和国家事业发展的大好局面。江泽民还强调了解放思想与实事求是的统一性，认为不解放思想，就不可能真正做到实事求是，而离开实事求是，也不可能真正解放思想。解放思想，就是要自觉地把思想认识从那些不合时宜的观念、做法和体制中解放出来，从对马克思主义的错误的和教条式的理解中解放出来，从主观主义和形而上学的桎梏中解放出来。要实现马克思主义理论创新，就要不断地解放思想、实事求是、与时俱进。在新的历史条件下，胡锦涛则进一步明确强调了解放思想、实事求是、与时俱进对开辟中国特色社会主义道路、形成中国特色社会主义理论体系和完善中国特色社会主义制度的重要意义。

请求鸭嘴兽原谅

鸭嘴兽是现存最原始的哺乳动物，卵生。通常每次产二卵，由雌兽伏在卵上孵化，这种动物有乳腺，无乳头，幼兽从雌兽腹面濡湿的毛上舐食乳汁。按过去教科书上的概念，哺乳动物应该是胎生，不会下蛋，恩格斯一度拘泥于这种认识，盲目地相信了教科书。后来，当他弄清了事实之后，于1895年给康·施密特写了一封信。他说："1843年我在曼彻斯特看见过鸭嘴兽的蛋，并且傲慢无知地嘲笑过哺乳动物会下蛋这种愚蠢之见，而现在这却被证实了！因此，但愿您对价值概念不要做我事后不得不请求鸭嘴兽原谅的那种事情吧！"这实际上说明对待任何事物都应坚持实事求是，反对教条主义。

鸭嘴兽

改革开放30多年来，我们党在理论上的每一个重大突破，在实践上的每一次重大推进，无不体现出对党的思想路线和思想方法的

为什么要坚持马克思主义

坚持。正是因为能够解放思想、实事求是、与时俱进，中国特色社会主义理论体系才能在继承前人的同时又突破陈规，不断地解决新课题、实现新突破、开拓新境界。把握了马克思主义的精髓和活的灵魂，把握了解放思想、实事求是的思想路线和与时俱进的思想方法，也就把握了中国特色社会主义理论体系形成和发展的科学基础，把握了中国特色社会主义理论体系具有创造性和生命力的奥秘。

第二，中国特色社会主义理论体系坚持以我国改革开放和社会主义现代化建设的实际问题、以我们正在做的事情为中心，具有强烈的问题意识。中国特色社会主义理论体系的形成经历了中国改革开放30多年的发展过程。党的十一届三中全会以后，以邓小平为主要代表的中国共产党人，开辟了社会主义事业发展的新时期，在包含着一系列具有开创性思想的邓小平理论中，首要的基本问题就是在深刻总结历史经验的基础上，紧紧抓住了"什么是社会主义、怎样建设社会主义"的问题，揭示了社会主义本质，对社会主义发展道路、发展阶段、根本任务、发展动力、外部条件、政治保证、战略步骤、领导力量、依靠力量等多个方面作出了系统阐述，对中国特色社会主义理论体系的形成作出了创造性的独特贡献，奠定了中国特色社会主义发展的理论基石。党的十三届四中全会以后，以江泽民为主要代表的中国共产党人，在建设中国特色社会主义的伟大实践中，面向新世纪，着眼当代世界新变化和当代中国新发展，在邓小平理论的基础上，在进一步回答"什么是社会主义、怎样建设社会主义"的问题中，紧紧围绕"建设什么样的党、怎样建设党"的根本问题进行了深入的理论和实践思考，创立了"三个代表"重要思想。"三个代表"重要思想把始终代表中国先进生产力的发展要求、始终代表中国先进文化的前进方向、始终代表中国最广大人民的根本利益作为加强党的建设和发展中国特色社会主义的根本出发点，拓宽了中国特色社会主义理论的视野，引领中国人民开创了中

原因之四
马克思主义是中国特色社会主义的源泉

国特色社会主义事业的新局面。党的十六大以来，以胡锦涛同志为总书记的党中央，立足于国内外形势的发展变化，立足于中华民族的振兴和发展，面对前所未有的机遇和挑战，抓住重要战略机遇期，从我国经济社会发展的阶段性特征出发，在邓小平理论和"三个代表"重要思想的基础上，紧紧围绕"实现什么样的发展、怎样发展"这一根本问题，提出了科学发展观，科学揭示了中国特色社会主义发展规律，深化了对中国特色社会主义发展道路的认识。

中国特色社会主义理论体系以实际问题为中心，自觉运用与发展马克思主义，注重回答实际提出的重大问题，形成新的结论，解决新的问题，推动中国特色社会主义事业的发展，这就是坚持马克思主义实践性的关键之所在。中国特色社会主义理论体系正是中国改革开放和社会主义现代化建设伟大实践的结晶，实践性贯穿于中国特色社会主义理论体系形成和发展的全过程，牢牢把握实践性，是深刻理解马克思主义与中国特色社会主义理论体系关系的根本。

郑人买履

郑国有个人想去买一双鞋，他量了自己的脚，把尺码放在座位上。等他走到集市，看中了一双鞋子时，才想起自己忘了拿尺码了，于是他又回去拿。等他赶回来时，集市已经散了，鞋子没有买到。有人问他："你为什么不用自己的脚去试试鞋子呢？"他说："我只相信尺码，不相信自己的脚。"这个故事实际上告诉我们应坚持理论与实际相结合，反对教条主义。

郑人买履

51

为什么要
坚持马克思主义

中国特色社会主义坚持了马克思主义的民族性

马克思主义是人类文明发展的结晶。它博大精深,是人类知识的科学概括,它不仅把握了历史发展的文明成果,而且也运用和发展了这些文明成果。马克思主义是"放之四海而皆准"的世界观和方法论,马克思主义对世界历史发展规律和趋势的科学把握,具有普遍指导意义。马克思主义理论必须结合具体情况并根据现存条件加以阐明和发挥,才能发挥出强大的指导作用。

一个民族的无产阶级及其政党坚持马克思主义,就在于把马克思主义理论和本国的实际相结合,用新的实践、新的内容、新的语言来丰富和发展马克思主义。在俄国,列宁坚持马克思主义,就在于把马克思主义普遍原理与俄国实际结合起来,创立了列宁主义,从而把马克思主义推进到一个新阶段。在中国,以毛泽东为代表的中国共产党人坚持马克思主义,就在于把马克思主义与中国具体实际相结合,形成了马克思主义在中国的第一次历史性飞跃。世界上的其他国家和地区,许多共产党人也在根据本国国情、按照自己的方式不断运用、发展马克思主义。这就是马克思主义创造性和生命力在民族性上的根本体现。

马克思主义历来也强调民

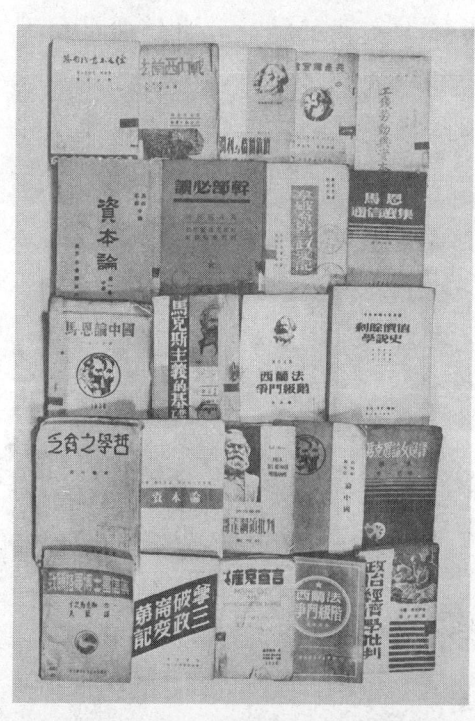

1949年以前我国出版的部分马克思主义著作

原因之四
马克思主义是中国特色社会主义的源泉

族性对一个国家和民族发展的重要性。马克思认为，人们不能自由选择自己的生产力，也不能自由选择社会形式。历史不外是各个世代的依次交替。每一代都利用以前各代遗留下来的材料、资金和生产力。每一个国家和民族的发展都是在继承前人的基础上逐步进化的，企图超越当时的物质和社会条件是不可能的。因此，在分析任何一个社会问题时，马克思主义理论的绝对要求，就是要把问题提到一定的历史范围之内，要考虑到在同一历史时代这个国家不同于其他各国的具体特点。在中国，离开中国特点来谈马克思主义，就只能是抽象的、空洞的马克思主义。因此，使马克思主义在中国具体化，也就是说，按照中国的特点去应用马克思主义理论，是中国共产党坚持马克思主义的重要问题。由此可见，马克思主义的民族性有两个方面的表现：一是必须了解本国的独特国情，研究本国社会的实际矛盾，提出本国式的解决方案；二是必须改变自己的理论形态，实现其形式的民族化，如毛泽东所说，代之以新鲜活泼的、为中国老百姓所喜闻乐见的中国作风和中国气派。

> 把真理比做燧石，——它受到的敲打越厉害，发射出的光辉就越灿烂。
> ——马克思

中国特色社会主义理论体系是具有鲜明中国特色的社会主义理论，既源于马克思主义理论本质的内在要求，又深深扎根于中国国情和社会主义现代化建设实践的客观需要之中。它坚持马克思主义的民族性，集中表现在充分考虑现实国情需要与本土的特殊性，体现中国气派、中国风格和中国特色，使马克思主义在中国的土壤上生根发芽、开花结果。中国特色社会主义理论体系，是在继承我们党以往思想理论成果和实践成果的基础上形成和发展起来的。改革开放以来，中国共产党的几代领导集体继承了毛泽东关于"马克思主义中国化"的理论与实践，把马克思主义与我国社会主义发展不

为什么要坚持马克思主义

同历史时期的具体实际结合起来，不断地把马克思主义推进到新的发展阶段，实现了马克思主义在中国的第二次历史性飞跃。包括了邓小平理论、"三个代表"重要思想、科学发展观在内的中国特色社会主义理论体系，正是把马克思主义与中国现实国情需要、本土的特殊性相结合，体现马克思主义中国气派、中国风格和中国特色的光辉成果。中国特色社会主义理论体系对中国社会主义经济建设、政治建设、文化建设、社会建设、生态文明建设、党的建设、国防和军队建设等一系列问题的研究，表明中国共产党对共产党执政规律、社会主义建设规律、人类社会发展规律的认识达到了新的理论高度，对马克思主义理论的发展作出了重大贡献。

中国特色社会主义理论体系坚持马克思主义的民族性，并不是死守马克思主义的具体结论或离开马克思主义的理论。在死守马克思主义具体结论、离开本国国情和本土特殊性的基础上产生的理论形态，或在离开马克思主义理论、强调本国的国情和本土的特殊性的基础上产生的理论形态，都不是马克思主义的也不是本国的。我们说，中国特色社会主义理论体系既是马克思主义的又是中国的，就在于它既体现了马克思列宁主义的基本原理，又包含了中华民族的优秀思想和中国共产党人的实践经验。中国特色社会主义理论体系是创造性的马克思主义，它与马克思列宁主义一脉相承，但又用新的理论和观点丰富和发展了马克思列宁主义。之所以能够如此，就是因为中国特色社会主义理论体系很好地处理了马克思主义与中国国情和本土特殊性的关系，既坚持了马克思主义基本原理，又说出了"老祖宗"没有说过的新话，就它的基本原理而言是马克思主义的，就它的实践经验和文化传统而言又是中国的，是中国社会主义建设和改革经验的结晶，是中华民族优秀思想和文化的结晶。离开了马克思主义基本原理，它就不是马克思主义；离开了中国社会主义建设和改革的经验，离开了中国文化的优秀传统，它就不是中国的。

中国特色社会主义理论体系坚持马克思主义的民族性，也不是

原因之四
马克思主义是中国特色社会主义的源泉

排斥国际经验,置身于世界发展进步潮流之外,而是要在把中国的发展与实现社会主义现代化和实现中华民族伟大复兴紧密联系在一起的基础上,把中国的发展进步与世界的发展变化紧密联系在一起。中国特色社会主义理论体系形成的这30多年,恰好是整个世界发生大变动大调整的时期,和平与发展成为时代主题。西方资本主义世界出现了种种新的变化,世界社会主义运动遭遇了严重的挫折,经济全球化和世界多极化趋势加速发展,特别是新科技革命及其产生的重大科技发现发明的广泛应用,推动世界范围内生产力、生产方式、生活方式和经济社会发生了前所未有的深刻变化,也引起全球经济格局、利益格局和政治格局发生了前所未有的重大变化。面对如此深刻、如此巨大的变化,中国特色社会主义理论体系对社会发展、人的发展、科学发展、政治发展、和平发展等问题的研究,充分体现了中国共产党坚持以宽广的眼界观察世界、以时代发展的要求审视自己、以战略的思维谋划全局,密切关注世界文明的发展趋势,重视从世界与中国的双重维度去观察、思考和解决问题,善于

新科技革命加速了经济全球化的进程

吸收不同文明中科学、进步的合理成分。中国特色社会主义理论体系是中华民族的伟大创造，是中国发展和中华民族复兴的强大动力，同时也必将对世界社会主义的发展和人类的进步作出巨大贡献。

中国特色社会主义坚持了马克思主义的开放性

马克思主义理论绝不封闭自己、凝固自己，而是在发展中不断完善、在开放中不断前进。马克思主义的全部精神及它的整个体系要求人们对每一个原理都要历史地、同其他原理联系起来、同具体的历史经验联系起来加以考察。客观现实世界的变化运动永远没有完结，人们在实践中对于真理的认识也就永远没有完结。马克思列宁主义并没有结束真理，而是在实践中不断地开辟认识真理的道路。马克思主义之所以能够在实践中开辟认识真理的道路，就在于它始终保持一种开放的思维方式。它不仅是在批判地吸收人类优秀成果的基础上发展起来的，而且也是在始终跟踪研究现实的发展变化、密切关注现代科学技术发展和自然科学领域所取得的每一个突破性成果的基础上发展起来的。中国特色社会主义理论体系坚持马克思主义，就在于它坚持了马克思主义的开放性，从而使自己成为这样一种同具体的历史经验相联系、同时代要求和实践规律相符合、反映现代社会发展文明成果的、不断发展前进的、开放的科学理论体系。

> 马克思主义同"宗派主义"毫无相似之处，它绝不是**离开**世界文明发展大道而产生的一种故步自封、僵化不变的学说。
>
> ——列宁

中国特色社会主义理论体系是同马克思列宁主义、毛泽东思想既一脉相承又与时俱进的科学理论体系，它在坚持马克思主义基本原理的基础上，对建设和发展中国特色社会主义的过程做了研究和

原因之四
马克思主义是中国特色社会主义的源泉

阐明。它把马克思主义关于未来社会问题的探讨与社会主义发展的现实及中国特色社会主义发展的具体实际结合起来，形成了社会主义本质的思想；它把马克思主义关于社会发展阶段的理论与社会主义发展的现实，特别是中国特色社会主义发展的具体过程结合起来，形成了社会主义初级阶段的思想；它把马克思主义关于改革问题的探讨与社会主义发展的现实及中国社会主义发展的具体实际结合起来，形成了社会主义改革开放的思想；它把马克思主义关于市场、市场机制问题的探讨与社会主义发展的现实及中国特色社会主义发展的具体实际结合起来，形成了社会主义市场经济的思想；它把马克思主义关于未来社会所有制问题的探讨与社会主义发展的现实及中国特色社会主义发展的具体实际结合起来，形成了社会主义基本经济制度的思想；它把马克思主义关于发展问题的探讨与社会主义发展的现实及中国特色社会主义发展的具体实际结合起来，形成了社会主义科学发展的思想；它把马克思主义关于社会建设问题的探讨与社会主义发展的现实及中国特色社会主义发展的具体实际结合起来，形成了社会主义和谐社会的思想；它把马克思主义关于民主政治问题的探讨与社会主义发展的现实及中国特色社会主义发展的具体实际结合起来，形成了社会主义政治文明建设的思想；它把马克思主义意识形态建设理论与社会主义发展的现实及中国特色社会主义发展的具体实际结合起来，形成了社会主义精神文明建设的思想；它把马克思主义的国家学说与社会主义发展的现实及中国特色社会主义发展的具体实际结合起来，形成了"一国两制"的科学构想；它把马克思主义国际战略思想与社会主义发展的现实及中国特色社会主义发展的具体实际结合起来，形成了社会主义和平发展的思想；它把马克思主义党的建设理论与社会主义发展的现实及中国特色社会主义发展的具体实际结合起来，形成了社会主义执政党建设的思想。

对中国特色社会主义理论体系的形成来说，毛泽东思想同马克

为什么要坚持马克思主义

党的七大确立毛泽东思想为党的指导思想

思列宁主义一样都具有理论基础的地位和作用。以毛泽东为核心的党的第一代中央领导集体对我国社会主义建立之初的一系列新矛盾、新问题的探索，为中国特色社会主义理论体系的形成提供了宝贵的思想财富。因此，中国特色社会主义理论体系不是一个固定的体系，而是随着时代和实践的发展不断丰富与发展的开放的体系。中国特色社会主义理论体系的每一个阶段性成果都是对以往实践经验的总结，又会为新的实践开辟新的道路，从而将新的内容不断充实到中国特色社会主义理论体系中来。

开放性是马克思主义的重要特征，与时俱进是马克思主义的理论品质。与时俱进贯穿于马克思主义发展的整个过程，是马克思主义具有创造性和生命力的理论品质。中国特色社会主义理论体系作为马克思主义中国化的最新理论成果，是一个开放的理论体系，也是一个需要不断与时俱进的科学体系。建设和发展中国特色社会主义是一个以社会主义初级阶段为起始阶段、需要经历若干个不同发展阶段的漫长历史进程，需要几代人、十几代人甚至几十代人坚持不懈地努力奋斗，因而对中国特色社会主义理论和实践的探索也就

原因之四
马克思主义是中国特色社会主义的源泉

必然是一个长期的历史过程,中国特色社会主义理论体系也必然随着中国特色社会主义实践的不断推进和我们党对实践经验总结的逐渐深化而不断得到丰富和创造性的发展完善。中国特色社会主义理论体系坚持马克思主义的开放性,就是坚持了马克思主义与时俱进的科学态度,在正确认识和把握当今社会发展历史进程的基础上,在实现马克思主义基本原理同中国具体实际和时代特征相结合的过程中,解决时代课题,创新思想理论。

怎样坚持之一

推进马克思主义中国化

马克思主义中国化是中国共产党把马克思主义基本原理与中国革命和建设的实际情况结合起来,从而找到一条适合中国国情的社会主义革命和建设道路的过程。

怎样坚持之一
推进马克思主义中国化

在改革开放的历史进程中，中国共产党把坚持马克思主义基本原理同推进马克思主义中国化结合起来。这是中国共产党在推进马克思主义中国化的历史、理论和实践的过程中，不断坚持和发展马克思主义基本原理，不断开创中国特色社会主义发展新前景的宝贵经验。坚持马克思主义基本原理同推进马克思主义中国化的结合，充分说明了这一宝贵经验的产生是中国特色社会主义发展的必然，是对马克思主义基本原理的发展创新，也是与各种对待马克思主义基本原理的错误思想倾向进行斗争的过程。推进马克思主义中国化，是坚持马克思主义的重要路径之一。

中国特色社会主义发展的必然

马克思主义中国化是中国共产党把马克思主义基本原理与中国革命和建设的实际情况结合起来，从而找到一条适合中国国情的社会主义革命和建设道路的过程，在这一过程中坚持马克思主义基本原理并实现马克思主义基本原理在中国的理论创新和实践创新。新中国成立以来，特别是改革开放以来，这个理论创新就是开辟了中国特色社会主义理论体系，这个实践创新就是形成了中国特色社会主义道路。

改革开放以来，中国共产党在推进马克思主义中国化的过程中形成了中国特色社会主义理论体系，即包括邓小平理论、"三个代表"重要思想以及科学发展观在内的科学理论体系。

邓小平理论是把马克思主义基本原理与我国改革开放和社会主义现代化建设的实际结合而形成的当代中国的马克思主义理论。这一理论把马克思主义基本原理与中国社会主义初级阶段的现实结合起来，比较系统地回答了"什么是社会主义、怎样建设社会主义"的基本理论问题，深刻地揭示了社会主义的本质，清晰地勾画了我国社会主义现代化建设的宏伟蓝图，成为我们进行社会主义现代化

为什么要坚持马克思主义

建设的行动纲领。

"三个代表"重要思想是在邓小平理论的基础上,把马克思主义基本原理与世纪之交我国发展的实际情况相结合而形成的当代中国的马克思主义理论。这一理论在进一步回答"什么是社会主义、怎样建设社会主义"的基本理论问题的基础上,创造性地回答了"建设什么样的党、怎样建设党"的问题,深化了对中国特色社会主义的认识,成为新世纪加强和改进党的建设、推进中国特色社会主义发展的强大思想武器。

科学发展观、社会主义和谐社会、社会主义荣辱观,是在邓小平理论和"三个代表"重要思想的基础上,把马克思主义基本原理与我国新的发展阶段的新的特征相结合而形成的当代中国的马克思主义理论。这些理论在进一步回答"什么是社会主义、怎样建设社会主义","建设什么样的党、怎样建设党"的基本理论问题的基础上,创造性地回答了"要不要发展、什么是发展、怎样发展、为谁发展"的问题,精辟地论述了发展的科学内涵和精神实质,提出了深入贯彻落实科学发展观的基本要求,成为我国经济社会发展的重要指导方针和发展中国特色社会主义必须坚持并贯彻的重大战略思想。

由邓小平理论、"三个代表"重要思想以及科学发展观构成的中国特色社会主义理论体系,是马克思主义中国化的最新成果,其主题就是发展中国特色社会主义。我国30多年改革开放的历程充分证明了,在当代中国,坚持中国特色社会主义理论体系,就是真正坚持马克思主义,推进马克思主义中国化。

推进马克思主义中国化,必须走中国特色社会主义道路。中国特色社会主义道路是一条在中国共产党领导下,立足基本国情,以经济建设为中心,坚持四项基本原则,坚持改革开放,解放和发展社会生产力,巩固和完善社会主义制度,建设社会主义市场经济、社会主义民主政治、社会主义先进文化、社会主义和谐社会,建设

怎样坚持之一
推进马克思主义中国化

富强民主文明和谐的社会主义现代化国家的伟大实践。推进马克思主义中国化的道路，包括中国特色自主创新道路、中国特色新型工业化道路、中国特色农业现代化道路、中国特色城镇化道路、中国特色政治发展道路、中国特色反腐倡廉道路等。

中国特色社会主义道路的逐步明确和完善，经历了中国共产党对建国60多年建设社会主义历史经验的科学总结，对党的十一届三中全会以后路线、方针、政策的初步概括，确立了一条适合我国国情的社会主义现代化建设道路的过程；经历了由邓小平提出"走自己的道路，建设有中国特色的社会主义"的任务，到比较完整地概括和阐发党在社会主义初级阶段的基本路线，从而明确了中国特色社会主义道路的主体内涵，再到进一步总结党建设中国特色社会主义的经济、政治和文化的经验，形成了党在社会主义初级阶段的基本纲领的过程；经历了中国共产党加强自身建设、确保自身生机活力和巩固自身执政地位，以领导中国人民实现全面建成小康社会宏伟目标，加快实现社会主义现代化的过程；经历了树立和落实科学发展观，形成中国特色社会主义经济建设、政治建设、文化建设、社会建设、生态文明建设"五位一体"总体布局，把构建社会主义和谐社会作为中国特色社会主义道路的方向和内涵的过程。

中国特色社会主义道路的开辟，说到底，就是把坚持马克思主义基本原理与推进马克思主义中国化结合起来的实践。我国30多年改革开放的历程已经充分证明了中国特色社会主义道路是完全正确的。在当代中国，坚持中国特色社会主义道路，就是真正坚持社会主义道路，就是真正推进马克思主义中国化。

中国特色社会主义理论体系的形成和中国特色社会主义道路的开辟充分表明，发展中国特色社会主义是坚持马克思主义基本原理与推进马克思主义中国化相结合的题中应有之义。要在中国这样一个拥有十几亿人口的大国，解决好"三农"问题，建设社会主义新农村；解决好城乡差距、区域差距、阶层差距等问题，构建社会主义和谐社会；解决好怎样建设党的问题，确保党的生机活力和巩固党的执政地位；解决好速度、比例、效益、结构相统一的问题，实现全面协调可持续发展；等等。建设富强民主文明和谐的社会主义现代化强国，最根本的就是坚持中国特色社会主义道路和中国特色社会主义理论体系。因此，坚持马克思主义基本原理与推进马克思主义中国化的结合，直接关系到中国特色社会主义发展的前途和命运。

必须发展创新马克思主义基本原理

推进马克思主义中国化，必须发展创新马克思主义基本原理。马克思主义中国化的过程，就是一个随着时代的发展和实践的要求，不断发展创新马克思主义基本原理的过程。邓小平理论、"三个代表"重要思想以及科学发展观，作为我国改革开放以来马克思主义中国化的理论成果，是创造性的马克思主义理论，与马克思列宁主义、毛泽东思想一脉相承，但又是用新的理论和观点丰富和发展了马克思列宁主义、毛泽东思想。因此，马克思主义中国化就其本质而言就是马克思主义基本原理在中国社会的具体的、实际的运用中的发展创新。

与时俱进、开拓创新是坚持马克思主义基本原理与推进马克思主义中国化相结合具有的内在规定要求。正因为如此，改革开放以来，中国共产党在把坚持马克思主义基本原理同推进马克思主义中国化相结合中，才能把马克思主义关于未来社会探讨的基本原理与社会主义发展的现实结合起来，作出社会主义本质的理论创新；才能把马克思主义所有制理论与我国社会主义多种经济成分共同发展的实际结合起来，作出社会主义基本经济制度的理论创新；才能把马克思主义关于市场的基本原理与我国经济发展的现实结合起来，作出社会主义市场经济的理论创新；才能把马克思主义关于发展的

怎样坚持之一
推进马克思主义中国化

基本原理与世界及我国发展的实际结合起来,作出社会主义科学发展的理论创新;等等。这就是说,马克思主义基本原理绝不是僵死不变的,而是随着基本原理据以产生的具体情况的变化而不断发展和完善的。在发展的现实中,必须根据具体的历史环境的变化和历史条件的更新,来发展创新马克思主义基本原理。中国共产党把坚持马克思主义基本原理与推进马克思主义中国化结合起来所作出的多方面的理论创新,生动地展示了马克思主义基本原理与时俱进、开拓创新的理论品质,充分地体现了马克思主义基本原理的时代性与实践性有机统一的原则。

在坚持马克思主义基本原理与推进马克思主义中国化的结合中,坚持马克思主义基本原理是基点,离开了这一基点,对马克思主义基本原理的所谓"创新"就可能偏离马克思主义的正确轨道,甚至可能会成为曲解、背弃马克思主义的代名词。20世纪初,列宁就曾强调了以坚持马克思主义基本原理为基点,发展创新马克思主义基本原理的重要性。列宁自己也正是这么做的,他正是以捍卫马克思主义基本原理为基点,坚持把马克思主义基本原理同俄国的具体实际结合起来,对马克思主义基本原理作了创新性发展,概括了帝国主义理论,提出了"新经济政策"等。在我国,邓小平理论和"三个代表"重要思想以及科学发展观,作为中国化的马克思主义,也正是在坚持马克思主义基本原理的基础上,结合我国各个历史时期的不同实践和我国社会主义发展不同阶段呈现的阶段性特征,对马克思主义基本原理作出的创新性发展。

列宁实施新经济政策

新经济政策是苏俄在1921年3月开始实行的向社会主义过渡的经济政策,以俄共(布)第十次全国代表大会通过《关于以实物税代替余量收集制》的决议为标志。主要内容是:(1)以征收粮食税代替余粮收集制,农民按国家规定交纳一定的粮食税,超过税额的余粮归个人所有,农民可出租土地等。(2)在流通方面，恢复了货币流通和商品交换，国家起调节作用，同时允许私人自由贸易。（3）在工业方面，采取租让、出租等方式，把外国资本和私人资本引入国有企业，同时允许私人经营中小企业和资本家开发矿产森林油田等。新经济政策的实施，促进了经济恢复，巩固了工农联盟，从根本上巩固了新生政权。

坚持马克思主义，推进马克思主义中国化，是马克思主义基本原理民族化、当代化的一个重要成果。诞生于19世纪中期、后来经过不断丰富和发展的马克思主义基本原理，要继续指导当今和未来的世界社会主义实践与共产主义运动，就要在实践中不断向前发展，就要不断地以新的内容来丰富和发展自己，从而使自己始终充满生机活力。马克思主义基本原理的民族化、当代化，说到底，就是马克思主义基本原理与时俱进、开拓创新理论品质的重要体现。中国共产党在改革开放的历史实践中，把马克思主义基本原理民族化、当代化的这一重要成果，为马克思主义基本原理增添了新的理论内容，增强了马克思主义基本原理的现实针对性和生命力，从而为马克思主义基本原理的发展创新开辟了新的前景，同时也说明了民族化、当代化是马克思主义基本原理永葆生机和活力的关键所在。

马克思主义基本原理是邓小平理论和"三个代表"重要思想以及科学发展观的共同理论基础，是引领我们立党兴国的"老祖宗"。在发展中国特色社会主义进程中，既要坚持马克思主义基本原理这个"老祖宗"不能丢，又要不断推进马克思主义中国化，这是在中国这样一个拥有十几亿人口的发展中大国摆脱贫困、加快实现现代化、巩固和发展社会主义的宝贵经验。

必须与错误的思想倾向进行斗争

推进马克思主义中国化，必须与各种错误的思想倾向进行斗争。坚持马克思主义基本原理与推进马克思主义中国化的结合过程，是

怎样坚持之一
推进马克思主义中国化

一个充满复杂思想矛盾和实践矛盾的过程,是一个与各种对待马克思主义基本原理的错误思想倾向进行斗争的过程。这已为中国革命和建设特别是改革开放以来的历史实践所充分证明。反对马克思主义基本原理"过时论",反对对马克思主义基本原理的"教条式"理解,反对对马克思主义基本原理的"纯粹的思维的构想"理解,以科学的态度对待马克思主义基本原理,这是推进马克思主义中国化过程中必然会经历的。

马克思和恩格斯共同起草《共产党宣言》

马克思主义基本原理"过时"的说法,早在马克思主义创立时期就已经出现了。但是,一百多年来,在马克思主义基本原理多次被宣布为"过时"的喧嚣中,马克思主义基本原理依然在与各国具体实际的结合中得到了丰富和发展。马克思主义基本原理的最本质的部分是关于人类社会和历史发展规律、关于资本主义时代发展规律的论述。例如,马克思主义关于社会存在和社会意识、生产力和生产关系、经济基础和上层建筑的辩证关系的理论,最深刻地揭示了人类历史发展的普遍规律。马克思主义的这些基本原理,显然适用于人类社会发展的全过程。换言之,只要人类社会没有终止,马

69

为什么要坚持马克思主义

克思主义的这些基本原理就绝不会"过时"。马克思主义中国化的推进，就是对马克思主义的这些基本原理的应用和发展。在马克思主义经典著作中，既包括对马克思主义基本原理的阐述，也包括这些经典作家针对他们所处时代的某些具体情况和具体问题得出的个别结论。必须区分马克思主义的基本原理与马克思主义的具体结论。随着时间的推移，这些个别的具体结论是可能"过时"的，但是，不能由此而作出马克思主义基本原理也已"过时"的判断。早在1872年，马克思恩格斯在谈到《共产党宣言》中基本原理和个别结论的关系时就曾指出：不管《共产党宣言》发表之后的25年来的情况发生了多大的变化，这个《宣言》中所阐述的一般原理整个说来直到现在还是完全正确的。但是，由这些原理在实际运用中得出的某些个别结论，如关于革命措施的提法、共产党对反对党派态度问题的意见，是可能随着历史条件的转移和工人运动的发展而"过时"的。因此，不能抓住马克思主义的个别具体观点、个别具体结论，甚至个别具体提法的"过时"，断言马克思主义整个的基本原理都已"过时"。

把马克思主义基本原理教条化，就是死守着马克思160多年前说过的话不放，置人类经济社会发展的状态、趋势于不顾，大谈马克思主义基本原理的应用。在马克思主义发展史上，这方面的例子也不少。自1878年开始，德国社会民主党一直处于俾斯麦反社会党人非常法的恐怖镇压下，由于工人运动的蓬勃发展，1890年反社会党人非常法被废除。但是，德国社会民主党内形成的代表小资产阶级半无政府主义的"青年派"，却不顾党的活动条件已经发生的极大变化，仍然否认利用合法斗争形式的必要性，甚至当社会民主党人在国会选举中获得压倒多数的胜利、俾斯麦被迫辞职的情况下，还号召工人在1890年5月1日举行总罢工。针对这种教条式地对待马克思主义基本原理的现象，恩格斯明确认为，马克思播下的是"龙种"，而收获的却只可能是"跳蚤"。显然，教条式地对待马克思主

怎样坚持之一
推进马克思主义中国化

义基本原理,是对马克思主义基本原理的扭曲。因此,恩格斯一再强调:我们的理论不是教条,而是对包含着一连串互相衔接的阶段的那种发展过程的阐明。推进马克思主义中国化的过程,就是一个彻底摆脱教条思维束缚的过程。

> 只有不可救药的书呆子,才会单靠引证马克思关于另一历史时代的某一论述,来解决当前发生的独特而复杂的问题。
> ——列宁

对马克思主义基本原理的"纯粹的思维的构想"理解,是马克思主义基本原理"过时论"的另一种表现形式。它实际上是把马克思主义基本原理封闭在"纯粹的思维的构想"的圈子里,说明马克思主义基本原理不可能适用于现时代发展的实际。19世纪末20世纪初,当伯恩施坦修正主义宣称马克思主义基本原理"过时"时,就是采用了这种手法。伯恩施坦反对马克思主义,正是把马克思主义基本原理说成是"纯粹的思维的构想",表现为"一系列的抽象和还原","缺乏现实依据"等,以纯粹思维化的眼光来阉割马克思主义基本原理,从而把马克思主义基本原理与现实完全割裂开来。在马克思主义中国化的推进过程中,同样也有一些人把马克思主义基本原理看成"纯粹的思维的构想",试图抽去马克思主义中国化的理论基础。例如,在关于马克思劳动价值论的论战中,有些人就曾把马克思关于劳动价值论的基本原理锁定在"纯粹的思维的构想"之中,认为它是远离现实的,是不可能与中国社会主义发展的现实结合的。而马克思主义中国化的推进恰恰证明了我国社会主义发展的现实与马克思主义基本原理结合的重要性和必然性,说明了在推进马克思主义中国化的过程中坚持马克思主义基本原理的重要性和必然性,说明了用发展了的现实丰富马克思主义基本原理、给马克思主义基本原理注入新的活力的重要性和必然性。

马克思主义中国化的推进是马克思主义发展史上的一个重要阶

为什么要坚持马克思主义

段，马克思主义中国化的历史就是一部与对待马克思主义基本原理的错误思想倾向进行斗争的历史。马克思主义中国化的理论成果也正是在与这些错误思想倾向的长期斗争中，在正确理解、科学坚持马克思主义基本原理的过程中逐步形成并不断成熟的。历史实践证明，推进马克思主义中国化，必须反对脱离中国的具体实际和当代的重大现实问题教条式地对待马克思主义基本原理的错误思想倾向，必须反对只谈中国的具体实际和当代的重大现实问题而否认马克思主义基本原理的科学性和正确性的错误思想倾向。

怎样坚持之二

认清反马克思主义的思潮

马克思主义创立160多年来,始终受到各种反马克思主义思潮的挑战。可以说,一部马克思主义发展史,就是一部马克思主义同反马克思主义进行斗争的历史。

怎样坚持之二
认清反马克思主义的思潮

马克思主义创立 160 多年来,始终受到各种反马克思主义思潮的挑战。可以说,一部马克思主义发展史,就是一部马克思主义同反马克思主义进行斗争的历史。在当代中国,伴随着社会主义市场经济的深入发展和中国社会的逐步转型,各种质疑、否定马克思主义的杂音不绝于耳。它们与西方各种反马克思主义思潮交相呼应,试图从指导思想、经济、政治、文化领域同马克思主义争夺主流话语权,左右中国社会主义现代化的走向。只有用马克思主义立场、观点和方法认识和深入剖析反马克思主义思潮的本质,与其进行坚决的斗争,中国特色社会主义才能健康发展。

反马克思主义思潮的主要表现形式

所谓社会思潮,一般是指以一定时代的思想精神状况和有广泛影响的学说为主导和依据的,反映一定阶级或阶层群众利益的思想倾向。反马克思主义思潮,是指那些以各种形式反对、攻击、诬蔑、诽谤、歪曲马克思主义的思潮。20 世纪 80 年代以来,国际形势发生了许多重大变化,我国社会主义现代化事业也遇到一些新情况、新问题,这种复杂的形势和背景为反马克思主义思潮的不断泛起提供了条件。反马克思主义思潮采取或直接或间接、或公开或隐蔽的手法来诋毁和否定马克思主义,如宣扬马克思主义"过时"了,叫嚣马克思主义不适用于中国,否定马克思主义劳动价值论和剩余价值学说,曲解一百多年来中国人民反帝、反封建的斗争史,等等。综合来看,当前我国的反马克思主义思潮,在理论上主要表现为新自由主义、民主社会主义、历史虚无主义、普世价值观等几种形式。

在一定意义上说,一部马克思主义的发展史,就是一部同各种非马克思主义、反马克思主义的学派和思潮斗争的历史。具体表现为:19 世纪 40 年代,马克思恩格斯同封建社会主义、

为什么要坚持马克思主义

资产阶级社会主义、小资产阶级社会主义以及空想社会主义的斗争；19世纪60—70年代，马克思主义同蒲鲁东主义、巴枯宁主义、拉萨尔主义、杜林主义的斗争；19世纪末20世纪初，马克思主义同伯恩施坦主义、考茨基主义、托洛茨基主义的斗争。在中国革命、建设和改革的进程中，以毛泽东为代表的马克思主义者同以陈独秀、王明等为代表的右倾和"左"倾机会主义路线进行了斗争；以邓小平为代表的马克思主义者同以教条主义为特征的"左"倾思想和资产阶级自由化思潮进行了斗争；20世纪末期以来，中国马克思主义者与民主社会主义、新自由主义、历史虚无主义等错误思潮进行了斗争。

新自由主义萌芽于20世纪30年代，是在古典自由主义基础上建立起来的一个新理论体系。20世纪70年代，在解决资本主义的"滞胀"危机中，新自由主义学派步入理论前台，成为里根和撒切尔政府制定政策的主要依据，并进而成为资本主义向外输出的意识形态，实现了由学术理论而实践化、政治化的华丽转身，其显著标志就是"华盛顿共识"的形成。"华盛顿共识"强调公有制会使经济变得更糟，认为国家干预只能造成经济效率的损失，主张推行以超级大国为主导的全球经济、政治、文化一体化，即全球资本主义化。新自由主义特别是"华盛顿共识"引发了巴西、阿根廷、墨西哥等发展中国家的经济衰退和社会动荡，也严重干扰了中国特色社会主义理论与政策，如

哈耶克（Hayek），奥地利裔英国经济学家，新自由主义的代表人物

怎样坚持之二
认清反马克思主义的思潮

我国意识形态领域内出现的"马克思主义过时论"、淡化主流意识形态的倾向；抨击人民民主专政制度，宣称无产阶级专政的社会主义国家是"集权制国家"的观点；主张取消公有制，实行全面私有化的市场原教旨主义；抹杀民族国家经济存在的必要性，鼓吹经济全球化的观点；等等。

民主社会主义起源于19世纪初，是从社会民主主义演变而来。民主社会主义主张世界观和指导思想的多元化，提倡社会主义思想构成和来源的多样性；声称社会主义是一种道德价值，坚持把"自由、民主、公正、互助"等伦理道德原则看作社会主义的基本特点，认为资本主义社会各种弊病和矛盾产生的根源在于违背了所谓人类一般的理性、伦理原则；认为生产资料社会化仅仅是实现社会主义的手段而非社会主义的基础，公有制与社会主义之间并无必然联系；认为在资本主义社会条件下通过民主就可以实现社会主义，根本无须社会主义革命等。民主社会主义诞生以来，对欧洲乃至整个世界历史的进程都产生了深远影响。社会（民主）党在许多国家执政或参政，在一定程度上推动着这些国家社会主义运动的发展。但在同时，原苏东各国共产党由于转而信奉民主社会主义的价值纲领，造成了亡党亡国的悲剧。民主社会主义在中国也有着广泛影响。如一些观点认为，民主社会主义是社会主义的"民主模式"，比科学社会主义更先进、更优越，提出只有民主社会主义才能救中国，主张把共产党改名和改造为社会民主党，等等。

1985年3月戈尔巴乔夫当选为苏共中央总书记后，就主张对苏联的传统体制进行改革，他先后提出了"加速战略"以及"民主化"、"公开性"、"新思维"、"人类的利益高于一切"等口号，采取一系列积极行动缓和与西方的关系。1990年7月，苏共二十八大通过了题为《走向人道的、民主的社会主义》的纲领性声明和其他一些决议，"人道的、民主的社会主义"从此正式成为苏共的指导思想和行动纲领。各种反共组织乘机大批建

坚持马克思主义

立和发展壮大，用各种方式向苏共展开斗争。1991年12月26日，苏联最高苏维埃共和国院举行最后一次会议，宣布苏联停止存在。苏联共产党、苏维埃社会主义共和国联盟——这两个曾经辉煌了70年的名字，就这样黯然退出了历史舞台。

历史虚无主义是一种抹杀消除客观存在的历史，按照自己的主观臆想解读历史、虚构历史的思想潮流，主要表现为否定历史发展的内在逻辑，不承认历史及文化传统的继承性与连续性。20世纪二三十年代，在中西文化的激烈碰撞与交融中，就已经出现了历史虚无主义的现象，一些人否定革命，鼓吹改良；否定中国文明，鼓吹全盘西化。进入20世纪90年代，苏东剧变弱化了传统社会主义价值，中国社会的急剧转变对传统文化的价值提出了挑战，加之西方社会推行的新自由主义等原因，历史虚无主义再次全面泛起。一些人鼓吹"告别革命"，宣称如果没有革命，中国早就实现现代化了；一些人在"重新评价"、"重写历史"的名义下，歪曲党领导的革命和建设历史，随意丑化革命领袖和先贤英烈，美化反动统治者、侵略者；一些人通过刻意渲染中国人的落后性，否定五千年中华文明；追求所谓的"价值中立"和"纯客观"，而不去挖掘事实的性质；等等。

普世价值观，简单地说就是人类基本认同并且共同追求与维护的价值观念，是一种"放之四海而皆准"的价值观。20世纪90年代，"普世价值"概念开始进入人们的视野，其探讨也从伦理视域深入到政治、经济、文化等领域。普世价值理论强调，自由、公正、民主与和谐这样一些制度范畴不仅是人类获取自尊、独立和富裕的手段，同时也是人类精神福利的组成部分，是任何时代、任何民族都应奉行的"普世价值"；认为改革开放就是要实践普世价值，当前中国的问题在于还未真正把法治、民主、自由、人权、公平、正义这些普世价值落到实处；提出无论是思想解放还是理论创新，都必须以普世价值为尺度，要跟西方的民主、宪政等主流观念接轨，瞄准由人类文明的普世价值所确认的社会经济制度迈开前进的步伐；等等。

反马克思主义思潮的理论剖析

尽管反马克思主义思潮的理论形态多样，表现手法各异，但在其色彩斑斓的外表下却有着相同的理论规定性。它们都站在个人利益和少数利益集团的资本主义立场上，用唯心主义、价值相对主义、抽象人性论等为工具来认识分析问题，以达到取消马克思主义在意识形态领域中指导地位的目的，否定党的领导，否定社会主义道路。

就新自由主义而言，其核心思想始终是围绕着如何推进市场化、自由化、私有化展开的，自然秩序论、个人自由和"理性经济人"是其理论基础。自然秩序论认为经济活动是一种自然秩序，而市场经济中的市场机制作用是一种自然秩序的作用，可以实现资源最优配置，因而政府要尽可能少地干预经济活动。个人自由是新自由主义的价值准则与核心价值，新自由主义认为只有充分地尊重个人自由和个人选择才能真正保证经济活动的高效率，市场发挥作用才有坚实的基础，而要使个人具有充分的自由就必须实行彻底的私有化。"理性经济人"则从人的自私本性出发，强调每个人趋向利益、获取利益的结果就是全社会的福利的提高和全社会利益的获取。毋庸讳言，从经济学理论和研究方法来看，新自由主义关于市场机制、减少政府干预、压缩政府开支以及关于人的心理预期对经济活动和经济政策影响的分析具有一定的合理性，可以为社会主义市场经济的发展提供有益借鉴。但其理论基础又决定了新自由主义是一种彻底的意识形态理论，是为垄断资产阶级服务的资产阶级思想理论，坚持个人自由、反对社会主义与国家资本主义是其重要的理论目标，"马克思主义过时论"、"历史终结论"等是新自由主义在当代中国的映射。

为什么要坚持马克思主义

在金融危机浪潮中,《资本论》在西方国家骤然热销

> 2008年以来,肆虐全球的金融危机使《资本论》重新成为读者的宠儿。2008年10月17日,马克思著作《资本论》第一部在法兰克福的"卡尔·马克思书店"已告售罄。致力于学术著作出版的柏林卡尔-迪茨出版社经理许埃特伦普夫说,今年年初以来,他们出版的《资本论》已卖出1500套,是2007年全年销量的3倍,"马克思现在绝对火"。柏林卡尔-迪茨出版社社长尤尔根·施特隆普说:"现在,马克思又成为了时尚。"《汉堡晚报》也评论说:"现在马克思的魅力正在飞速增加。"

"马克思主义过时论"认为,马克思主义是19世纪40年代的产物,但是随着时代的发展,特别是20世纪50年代以来资本主义在生产力、社会结构等方面的巨大变化,当今时代已经完全不同于马克思所处的时代,因而马克思主义已经"过时"了。"历史终结论"认为,资本主义与自由民主的现代体制已经超越了历史和意识形态矛盾,西方实行的自由民主制度是"人类社会形态进步的终点"和"人类最后一种统治形式",不同意识形态和社会制度之间相互竞争的历史已经结束了。两种观点的论述有着明显不同,但其目的都是

怎样坚持之二
认清反马克思主义的思潮

要否定和取消马克思主义,反对社会主义制度,用资本主义制度取而代之。"马克思主义过时论"的错误是显而易见的,它歪曲了马克思主义产生以来整个世界历史变化的性质,把马克思主义的科学价值的时空界限仅仅局限在它所产生的那个年代。诚然,与马克思主义诞生的时代相比,当今时代发生了很大变化,看不到这些变化是不符合马克思主义的。但是,这些变化并没有改变资本主义制度的本质,马克思主义的基本原理和基本方法也没有过时,社会主义代替资本主义的必然性没有消失,妄言马克思主义"过时"的论调显然是荒谬的。至于"历史终结论",无非是以黑格尔的唯心主义和西方中心论来看待历史,认为历史是一个单一的、连贯的演进过程,是"精神"和"意识"展现和实现自我的过程,认为"精神"一旦得到完全的展现,历史也就终结。但事实并非如此,因为历史是由人创造的,是实践的产物,而不是观念的产物。只要人类存在,人类的实践就不会停止,历史也就不会终结。

就民主社会主义而言,它在一定限度内继承了马克思主义对资本主义的批评精神,批判和揭露了资本主义的诸多弊端,迫使资本主义采取了扩大政治民主和公民参与权、增加社会福利等一系列重大措施,在一定程度上改善了工人和其他劳动群众的生活条件和劳动条件,缓和了阶级矛盾,实现了社会的基本安定。但在同时,民主社会主义对资本主义的批判是不彻底的,也是不科学的。它梦想着在资本主义制度框架内克服资本主义的弊病,实现对资本主义的超越,这显然是不可能实现的。那些改良主义的理论政策和措施在一定程度上改善了广大劳动人民的物质生活状况,但也在工人阶级中造成了一种只要通过议会选举和政策调整就可以解决社会矛盾的表象,使工人阶级把经济利益的满足作为斗争的最高目标,从而逐渐丧失了自身的革命意识和历史使命感,削弱了工人阶级的整体力量。导致这种现象出现的根本原因在于民主社会主义的唯心主义多元论和实用主义方法论基础,这是同马克思的科学社会主义大相径

为什么
坚持马克思主义

庭的。因此，从根本上来说，民主社会主义是在社会主义旗号下推行资本主义化，是戴着社会主义桂冠的改良主义的资本主义。

至于历史虚无主义，从表面来看是在"还原历史"、"重铸"历史过程，但其唯心主义的历史观和方法论决定了历史虚无主义者只会将历史变成为"任人打扮的小姑娘"，其目的无非是试图否定马克思主义，否定中国共产党的领导和社会主义道路。马克思主义认为，物质生活的生产方式制约着整个社会生活、政治生活和精神生活的过程。不是人们的意识决定人们的存在，相反，是人们的社会存在决定人们的意识。由于历史是追求着自己目的的人的活动，是一种客观存在，因而，认识和研究历史也必须坚持历史唯物主义的立场、观点和方法，以事实为出发点，通过全面、系统地掌握有关资料来阐明其内在联系，透过历史现象来揭示历史的发展规律，而不能主观"选择"历史事实，沉湎于个人的恩怨和预设的立场，纠缠于一些历史的枝节、细节。但历史虚无主义恰恰是选择了后一种立场和方法，它通过片面引用史料，根据自己的诉求任意"打扮"历史、假设历史、戏说历史、恶搞历史，否定已有的历史结论，歪曲已经发生的历史事实，掩盖历史真相。

关公战秦琼

一个有钱人请了一些人来唱戏，唱的是"千里走单骑"，大家喝彩声不断。有钱人问道："那红脸的家伙是谁啊？"有人回答说是关羽关云长。有钱人说道："关羽有啥了不起，难不成比山东好汉秦琼还厉害啊，叫他跟秦琼比比。"从此这世上多了"关公战秦琼"这一典故。

从理论上剖析普世价值观，最为根本的在于阐释自由、民主、人权、宪政是否是普世价值这个问题。马克思主义认为，民主、人权等是历史的产物，是反映一定社会关系的理论范畴。在社会生产力发展低下的前提下，只能有一部分人的利益得到满足，因而，在生产力发展低下和利益对抗的状态下，根本不可能存在什么真正的自由、民主、人权等普世价值。列宁也曾指出,只要有不同的阶级存在,就不能说"纯粹民主",而只能说阶级的民主。而"普世价值"论则主张人类社会存在着普遍适用于任何时间、任何地点的共同价值,显然,这是把某些国家、民族的价值或某些国家、民族在一定历史时期的价值当作人类普遍永恒的价值追求,是一种以抽象人性论为依据、以绝对的普遍性为方法的历史唯心主义命题。西方的自由、民主、人权、宪政等范畴是资产阶级价值观的重要内容,表现了特定历史时代的意识形态特征。认为自由、民主、人权、宪政等是普世价值的观点,其目的在于根本否定中国特色社会主义的民主政治建设,企图把中国的改革开放引导到"回归西方文明"的方向,把中国的改革开放纳入资本主义世界文明的轨道。

坚决抵制反马克思主义思潮

《共产党宣言》发表160多年来的实践证明,科学社会主义理论是正确的,马克思主义具有强大的生命力。现实社会主义的失败并不意味着马克思主义的失败,而是人们对它的不正确解释、运用及对它的种种扭曲和诬蔑。以科学的态度对待马克思主义,坚决抵制各种反马克思主义的错误思潮,才能实现中国特色社会主义事业的健康发展。

反马克思主义思潮的出现是各种因素综合作用的结果,大致可分为以下两个方面。一方面,世界社会主义运动的起伏在一定程度上影响着反马克思主义思潮的起伏。一般来看,当世界社会主义运动高歌猛进时,较少出现反马克思主义的声音;而当世界社会主义运动进入低潮时期时,也往往是反马克思主义思潮喧嚣泛起的时期。从1871年巴黎公社失败到1905年俄国革命爆发,是一个国际共运史上没有革命形势的"沉寂"年代,资产阶级借此机会在工人阶级队伍中培植"工人贵族",促使工人运动从内部分歧变成公开分裂。

为什么要坚持马克思主义

在此背景下，以伯恩施坦、考茨基为代表的修正主义者声称马克思主义出现了危机，已经过时，主张和平改良道路，以"和平长入社会主义"，造成了国际共运内部极大的思想混乱。20世纪80年代末到90年代初，苏东剧变使世界社会主义运动再次陷入了低潮，"历史终结论"、"马克思主义过时论"等否定和怀疑社会主义的思潮再次泛起，似乎是它们的理论得到了某种"验证"。

另一方面，反马克思主义思潮的出现也与不能科学对待马克思主义紧密联系在一起。马克思主义是博大精深的理论体系，涉及经济、政治、文化、社会等方方面面，但这并不等于说马克思主义是万能的，可以给我们提供现成的答案。对社会发展中出现的许多新情况，提出的许多新问题，当马克思主义不能，或者还未对这些问题作出科学的回答的时候，有些人就会以此为借口否定马克思主义，或者提出一些错误的、具有蛊惑性的材料和观点，混淆视听。同时，对于马克思主义的某些观点结论也应该采取实事求是的态度。马克思主义的一些观点结论在特定的条件下是正确的，但如果历史条件发生变化，这些观点结论也就变得不正确或不那么正确了。因此，如果不能实事求是地对待马克思主义，只是苑囿于马克思主义某些观点结论，也必然会给反马克思主义思潮带来可乘之机。

对反马克思主义思潮成因的分析，既揭示了马克思主义与反马克思主义的斗争的长期性和复杂性，也为如何抵制反马克思主义思潮指明了努力方向。首先，必须完整准确地把握马克思主义，而不能把马克思主义肢解和割裂开来，或把它的一些个别论断绝对化与神圣化。马克思主义是一块完备而严密的"整钢"，具有内在的统一性和逻辑的一致性，它的整个体系都是用来证明为什么共产主义是科学的和可以实现的。而种种反马克思主义思潮的一个惯用手法，就是歪曲、肢解和割裂马克思主义的科学体系，摘取、曲解其中的片言只语，去代替和否定马克思主义的基本原理、基本方法和基本精神。对此，列宁曾经指出，马克思主义的全部精神，它的整个体

怎样坚持之二
认清反马克思主义的思潮

《共产党宣言》德文第一版封面

《共产党宣言》诞生以后,马克思恩格斯在从1872年到1893年的12年里为《共产党宣言》的不同版本写下了七篇序言,即1872年德文版序言、1882年俄文版序言、1883年德文版序言、1888年英文版序言、1890年德文版序言、1892年波兰文版序言和1893年意大利文版序言。序言不仅展示了《共产党宣言》在全世界所取得的巨大影响力,而且提出了跨越资本主义社会"卡夫丁峡谷"等一些《共产党宣言》正文所没有涉及的论断,是马克思、恩格斯坚持科学的态度,在实践中不断发展自己理论学说的有力证明和极好的范例。

系,要求人们对每一个原理都要历史地,都要同其他原理联系起来,都要同具体的历史经验联系起来加以考察。邓小平在批评"两个凡是"的错误时,也明确提出不能够只从个别词句来理解毛泽东思想,认为只有从毛泽东思想的整个体系才能获得正确的理解。

其次,要用马克思主义的态度对待马克思主义,在坚持中发展、在发展中坚持马克思主义。具体来看,就是按照解放思想、实事求是、与时俱进的要求,以马克思主义的世界观和方法论为指导,分析新情况,研究新问题,勇于突破前人囿于历史条件的个别论断,根据新的情况和新的实践创造新的理论。恩格斯曾经说,马克思的整个世界观不是教义,而是方法。它提供的不是现成的教条,而是进一步研究的出发点和供这种研究使用的方法。邓小平也指出,真

为什么要坚持马克思主义

正的马克思列宁主义者必须根据现在的情况,认识、继承和发展马克思列宁主义。因此,只有坚定地站在马克思主义的立场上,运用马克思主义的基本理论和基本方法去不断探索和解决经济、政治、社会、文化等方面的新问题,才能给反马克思主义思潮以坚决有力的回击,才能更好地坚持马克思主义。

> "世界形势日新月异,特别是现代科学技术发展很快。现在的一年抵得上过去古老社会几十年、上百年甚至更长的时间。不以新的思想、观点去继承、发展马克思主义,不是真正的马克思主义者。"
>
> ——邓小平

最后,要把马克思主义基本理论同中国具体实际更好地结合起来,推进马克思主义中国化。在当代中国的反马克思主义思潮中,马克思主义是外来文化,不适合中国国情往往是其中的重要借口。因此,只有不断地赋予马克思主义鲜明的实践特色、民族特色、时代特色,马克思主义才能在中国放射出更加灿烂的真理光芒,反击反马克思主义思潮所谓的马克思主义不适合中国国情的谬论。而这一点也是被中国革命、建设和改革的实践反复证明的一项科学原则。在革命战争年代,把马克思主义教条化、把共产国际决议和苏联经验神圣化的错误曾使中国革命几乎陷于绝境。为此,毛泽东提出了必须把马克思主义与中国革命具体实际相结合,实现马克思主义中国化的创造性论断。他强调,离开中国特点来谈马克思主义,只是抽象的空洞的马克思主义。针对社会主义建设中出现的新教条主义,邓小平也强调,离开自己国家的实际谈马克思主义,没有意义。正是在这些思想的引导下,中国共产党在领导中国革命、建设和改革的长期实践中,实现了马克思主义中国化的两次历史性飞跃,取得了社会主义革命的胜利和中国特色社会主义建设的巨大成就,而这些成就本身就是对反马克思主义思潮最有力的批驳。也正是在这样的意义上，党的十七大把"坚持马克思主义基本原理同推进马克思主义中国化结合起来"确立为我国改革开放十条宝贵经验中的首要经验，并提出在当代中国，坚持中国特色社会主义道路，就是真正坚持社会主义；坚持中国特色社会主义理论体系，就是真正坚持马克思主义。

怎样坚持之三

建设社会主义核心价值体系

马克思主义决定了社会主义核心价值体系的性质和方向，贯穿于社会主义核心价值体系形成、内容及建设全过程。坚持马克思主义，必须建设社会主义核心价值体系。

怎样坚持之三
建设社会主义核心价值体系

社会主义核心价值体系是中国共产党理论创新的重大成果，是社会主义意识形态的本质体现。社会主义核心价值体系是兴国之魂，决定着中国特色社会主义的发展方向。巩固马克思主义在意识形态领域的指导地位，树立中国特色社会主义共同理想，形成全民族奋发向上的精神力量和团结和睦的精神纽带，引领全体社会成员在思想上、道德上共同进步，是社会主义核心价值体系的科学内涵和精神实质所在。科学把握并建设社会主义核心价值体系，根本在于始终坚持马克思主义的指导地位，马克思主义决定了社会主义核心价值体系的性质和方向，贯穿于社会主义核心价值体系形成、内容及建设全过程。坚持马克思主义，必须建设社会主义核心价值体系。

2006年10月召开的党的十六届六中全会，首次提出建设社会主义核心价值体系的战略任务。全会通过的《中共中央关于构建社会主义和谐社会若干重大问题的决定》中，明确提出了"建设社会主义核心价值体系，形成全民族奋发向上的精神力量和团结和睦的精神纽带"，并提出了构成社会主义核心价值体系的四项基本内容。党的十七大报告强调了"建设社会主义核心价值体系，增强社会主义意识形态的吸引力和凝聚力"。党的十八大报告则进一步明确要深入开展社会主义核心价值体系的学习教育，用社会主义核心价值体系引领社会思潮、凝聚社会共识。

社会主义核心价值体系的理论之源

社会主义核心价值体系是当代中国共产党人在科学判断时代特征、认真总结历史经验、准确把握人民群众根本利益的基础上，把马克思主义与中国社会主义初级阶段的基本国情结合起来进行长期理论探索提出的新思想、新论断，是对马克思主义的一个重大理论创新。马克思主义是社会主义核心价值体系形成的理论基础。

第一，马克思主义是"社会主义核心价值体系"这一科学命题

为什么要坚持马克思主义

提出的理论基础。党的十六届六中全会通过的《中共中央关于构建社会主义和谐社会若干重大问题的决定》，在阐述构建社会主义和谐社会的重要性和紧迫性，说明建设和谐文化是构建社会主义和谐社会的重要任务的同时，强调了"社会主义核心价值体系是建设和谐文化的根本"。这一关于"社会主义核心价值体系"科学命题的提出是符合当代中国社会发展的现实状况要求的。

马克思主义认为，社会存在决定社会意识，社会意识反作用于社会存在。"社会主义核心价值体系"作为社会意识层面的内容归根结底来源于社会存在，是对社会存在的反映。改革开放30多年来，随着时代的变化、社会的转型、体制转轨的不确定性以及社会主义市场经济发展的双重影响，我国的经济基础和上层建筑经历着前所未有的变化，意识形态领域面临着经济社会生活多样化带来的经济成分和经济利益多样化、社会生活方式多样化、社会组织形式多样化、就业岗位和就业方式多样化的影响，这些影响极大地增强了人

改革开放带来了深刻的社会变革，图为20世纪80年代初人们看电视的情形

怎样坚持之三
建设社会主义核心价值体系

们思想活动的独立性、多变性、选择性和差异性,随着整个社会思想空前活跃,也出现了非马克思主义的意识形态滋生蔓延、封建主义残余思想包括封建迷信和愚昧落后的思想意识沉渣泛起、资本主义腐朽思想观念乘虚而入的现象。面对急剧而深刻的社会变革尤其是利益格局的调整,一些人产生了心理压力,出现了精神颓废、思想困惑、理想迷失和信仰淡漠等现象,一些领域也出现了诚信缺失、道德失范的状况。社会主义社会要用共同的价值理念凝聚人心,形成全社会认同的理想信念和道德规范,就必须有占据主导地位的自己的核心价值体系,从而以主流的价值取向引导全社会的价值取向,统一人们的思想和行为。

在社会主义核心价值体系中,核心价值观是其基本的构成要素。社会主义核心价值体系是在社会主义社会生产方式的制约下由核心价值观所构建起来的体系。它是大多数社会成员共同认可、共同遵循、自觉践行的主流价值观念和价值追求,在多种价值观念中居于统领、引导地位。因此,可以认为,社会主义核心价值体系是以观念体系反映出来的社会存在。"社会主义核心价值体系"作为社会主义、核心价值观、核心价值体系三者的有机结合构成的具有整体性的命题,给了我们马克思主义的辩证思维的逻辑形式和认识世界的工具,使我们能够清楚地把握坚持马克思主义在意识形态领域的指导地位,弘扬爱国主义、集体主义、社会主义主旋律,把热爱祖国、服务人民、建设中国特色社会主义作为共同理想和价值取向,反对和抵制否定爱国主义、消解集体主义、诋毁社会主义以及把爱国主义和社会主义割裂开来、用个人主义取代集体主义的错误观点和倾向的重要性和必要性。

第二,马克思主义是社会主义核心价值体系内涵具有整体性的理论基础。党的十六届六中全会明确指出:"马克思主义指导思想,中国特色社会主义共同理想,以爱国主义为核心的民族精神和以改革创新为核心的时代精神,社会主义荣辱观,构成社会主义核心价值体系的基本内容。"社会主义核心价值体系的四个方面的内容虽然各有其特有的含义和实践的要求，但它们相互联系、相互贯通，构成一个有机统一的整体。社会主义核心价值体系是一个具有整体性的理论。

马克思恩格斯在创立了唯物史观、形成了唯物辩证法思想并将之运用于揭示人类社会发展客观规律之时，就把人类社会作为一个有机整体来看，并注重从社会整体角度观察、理解和解释个别社会现象。他们强调，社会是一切关系在其中同时存在而又相互依存的社会机体，社会的各个部分、环节是相互影响、相互制约、相互作用的，整个社会是一个有机联系的整体。在马克思恩格斯看来，人类社会就是一个由经济结构、政治结构和文化结构相互联系的有机整体。马克思恩格斯正是用"社会有机体"这个概念，概括说明了社会整体性，认为社会是一个整体，这个整体不是杂乱无章的，而是一个有秩序、有层次、有组织的体系。列宁对此曾有过更为清晰的说明，他指出：马克思和恩格斯称之为辩证方法（它与形而上学方法相反）的，不是别的，正是社会学中的科学方法，这个方法把社会看作处在不断发展中的活的机体。

在马克思主义创立过程中，唯物史观的创立和唯物辩证法的运用，使马克思主义完备而严密。马克思主义博大精深，涉及自然、社会和人类思维各个领域，但是，唯物史观、唯物辩证法贯穿并体现于马克思主义的全部学说和实践活动之中，使马克思主义关于各个领域研究的理论构成了相互联系的整体。把唯物史观和唯物辩证法运用于对资本主义制度的分析，在揭露资产阶级与无产阶级对立的深刻根源的基础上，揭示了人类社会发展的客观规律；把唯物史观、唯物辩证法和马克思主义关于人类社会发展客观规律的揭示，运用于对未来社会的分析，马克思主义才可能成为关于实现无产阶级解放乃至全人类解放的科学。因此，唯物史观和唯物辩证法与马克思主义理论的全部原理、结论是贯通的、渗透的，它们相互联系，

怎样坚持之三
建设社会主义核心价值体系

在理论上和逻辑上使马克思主义具有严密性、完整性。

马克思主义的整体性在社会主义核心价值体系中得到了充分的贯彻和体现。社会主义核心价值体系针对当前社会经济发展现实问题、意识形态领域现实问题所作的客观的研究和缜密的理论概括是科学的、辩证的,体现了坚持理想性与现实性、多样性与主导性、民族性与全球性、社会性与个体性等多方面的辩证统一,并以灵魂、主题、精神、道德四个方面内容的有机组合,表明了它是一个具有整体性的价值观念体系。

第三,马克思主义是社会主义核心价值体系本质判断的理论基础。社会主义意识形态是社会主义核心价值体系的本质,社会主义核心价值体系是社会主义意识形态的当代反映和本质体现。马克思主义认为,作为观念上层建筑的意识形态,是系统地反映和自觉地服务于一定经济基础的思想体系,它包括了一定社会的政治法律思想、道德、宗教和其他社会意识形式等。这种意识形态是随着阶级的产生而产生的,因而是一定社会历史条件下的统治阶级和社会利益集团自觉、全面地反映社会经济形态和政治制度等的思想体系。

> 统治阶级的思想在每一时代都是占统治地位的思想。这就是说,一个阶级是社会上占统治地位的**物质**力量,同时也是社会上占统治地位的**精神**力量。支配着物质生产资料的阶级,同时也支配着精神生产资料,因此,那些没有精神生产资料的人的思想,一般地是隶属于这个阶级的。占统治地位的思想不过是占统治地位的物质关系在观念上的表现,不过是以思想的形式表现出来的占统治地位的物质关系;因而,这就是那些使某一个阶级成为统治阶级的关系在观念上的表现,因而这也就是这个阶级的统治的思想。[1]
>
> ——马克思

---

[1] 《马克思恩格斯选集》,2版,第1卷,98页,北京,人民出版社,1995。

为什么要坚持马克思主义

正因为意识形态是一定阶级、政党、国家对自身根本利益和要求的深刻认识,是对自身价值观念和行为规范的集中表达,因而就必然要形成能够反映意识形态本质的核心价值观。马克思主义意识形态理论以唯物史观揭示了意识形态的科学内涵,阐明了意识形态对价值观念的系统化、本质化概括,为构建和发展社会主义意识形态的当代反映和本质体现提供了理论指导。社会主义是人类迄今最先进的社会形态,马克思主义已经绝对地战胜了工人运动中的其他一切思想体系,成为社会主义社会发展的指导思想。社会主义意识形态是中国共产党在马克思主义意识形态理论指导下确立起来的思想体系,马克思主义是社会主义意识形态的旗帜。为了体现社会主义制度属性与价值目标的内在一致性,反映中国共产党的利益与最广大人民群众根本利益的内在一致性,必然要有能够反映社会主义意识形态本质要求的价值观念和体系,社会主义核心价值体系就是在马克思主义指导下建立起来的、能够体现与马克思主义意识形态相一致的社会主义意识形态本质的价值观念体系。

社会主义核心价值体系的精神实质

价值体系是一个包含着价值主体、指导思想、共同理想、价值取向、价值评价等丰富内容和诸多要素的系统。社会主义核心价值体系就是通过这些丰富内容和诸多要素在政治、经济、文化和社会生活等方面反映出来并逐步形成和建立起来的。在社会主义核心价值体系的四个方面的内容中,马克思主义是指导思想。社会主义核心价值体系要能够真正成为社会主义制度的内在精神,成为社会主义意识形态的当代反映和本质体现,成为广大人民群众共同认可并自觉践行的价值准则,就必须以马克思主义为指导思想。马克思主义是贯穿社会主义核心价值体系四个方面内容的"魂",它决定着社会主义核心价值体系的性质和方向,引导着中国共产党为广大人民

怎样坚持之三
建设社会主义核心价值体系

群众执好政、谋好利,推进着中国特色社会主义事业的发展。

马克思主义既是社会主义核心价值体系的理论基础,又是社会主义核心价值体系的基本内容之一,更是社会主义核心价值体系的全部精神支撑,是贯穿于该体系每个领域和层面的"灵魂"。在社会主义核心价值体系中,首位的内容就是坚持马克思主义的指导地位。马克思主义是我们立党立国的根本指导思想,是全国各族人民团结奋斗的共同理论基础。坚持马克思主义,根本在于坚持马克思主义的世界观、方法论,掌握马克思主义观察问题和分析问题的立场、观点和方法,坚持用马克思主义的世界观、方法论揭示人类社会发展的客观规律。没有科学的世界观、方法论,就不可能有正确的价值观和科学的价值体系。掌握了马克思主义的世界观、方法论,我们就能够在错综复杂的社会现象中看清事物的本质、明确发展的方向,正确认识和把握人类社会发展规律。坚持马克思主义,并不是要把马克思主义当成僵死不变的教条,固守马克思主义经典作家的个别论断甚至个别字句,也不是要把马克思主义当成包医百病的灵丹妙药,不断重复马克思主义经典作家的现成词句,更不是要抽象地谈论马克思主义,把马克思主义当作标签贴到各种事物上去。马克思主义的指导地位任何时候都必须坚持,否则,社会主义事业就会因为没有正确的理论基础和思想灵魂而迷失方向。

> 我们坚持的和要当作行动指南的是马列主义、毛泽东思想的基本原理,或者说是由这些基本原理构成的科学体系。至于个别的论断,那末,无论马克思、列宁和毛泽东同志,都不免有这样那样的失误。但是这些都不属于马列主义、毛泽东思想的基本原理所构成的科学体系。
>
> ——邓小平

中国特色社会主义共同理想基于中国特色社会主义的伟大事业,离开中国特色社会主义的伟大实践是不可能形成社会主义核心价值

为什么要坚持马克思主义

体系的。没有马克思主义作为指导思想，也是不可能产生中国特色社会主义理论体系的。中国特色社会主义理论体系坚持用科学态度对待马克思主义，自始至终贯穿了马克思主义产生和发展的实践基础，具有鲜明的实践特色。它坚持马克思主义的民族性，集中表现在充分考虑现实国情需要与本土的特殊性，体现中国气派、中国风格和中国特色，使马克思主义在中国的土壤上生根发芽、开花结果。它坚持马克思主义的开放性，成为一种同具体的历史经验相联系、同时代要求和实践规律相符合、反映现代社会发展的文明成果的、不断发展前进的开放的科学理论体系。因此，没有马克思主义的指导，没有中国特色社会主义理论体系的指导，是无法铸就全国各族人民的共同理想的。由此可见，马克思主义指导思想体现在中国特色社会主义共同理想的形成中，就是把坚持马克思主义的世界观、方法论与发展着的马克思主义理论成果统一起来。因为我们绝不能要求马克思为解决他去世之后上百年、几百年所产生的问题提供现成答案。列宁同样也不能承担为他去世以后五十年、一百年所产生的问题提供现成答案的任务。中国特色社会主义共同理想就是在坚持马克思主义的世界观、方法论的基础上，把中国共产党的社会主义奋斗目标与中国的发展、民族的振兴结合起来，把个人的自由与社会整体的进步结合起来，把个人利益与国家整体的利益结合起来，符合社会各阶层、群体的共同愿望，形成了对全国各族人民具有强大感召力和凝聚力的理想信念。在当代中国，只有坚持了马克思主义的指导地位，坚持了中国特色社会主义理论体系，才能在全国各族人民中牢固树立起中国特色社会主义的共同理想。

以改革创新为核心的时代精神和以爱国主义为核心的民族精神，是社会主义核心价值体系的精神纽带、价值引领和力量源泉，是马克思主义民族观和时代观与我国改革开放和社会主义现代化建设实践相结合的产物。时代精神是一个社会的共同意志和思想状态的集中体现，影响着时代进步的方向和潮流。民族精神是一个民族在长

怎样坚持之三
建设社会主义核心价值体系

期的共同生活和共同实践基础上形成和发展起来的、能够为民族大多数成员所认同和接受的思想品格、价值取向和道德规范。以改革创新为核心的时代精神和以爱国主义为核心的民族精神,深刻体现了马克思主义与时俱进的理论品质和中华民族富于进取的思想品格,说明了马克思主义是人类文明的结晶和时代精神、民族精神的精华。解放思想、实事求是,紧跟时代、勇于创新,知难而进、一往无前,艰苦奋斗、求真务实,淡泊名利、无私奉献,就是我们这个时代的精神。以爱国主义为核心的团结统一、爱好和平、勤劳勇敢、自强不息,就是我们的伟大民族精神。毋庸置疑,社会主义核心价值体系就是马克思主义融入民族精神和时代精神的最新成果。

在当代中国,以改革创新为核心的时代精神和以爱国主义为核心的民族精神是高度统一的。时代精神是民族精神的时代体现,民族精神则是时代精神形成的重要基础;民族精神是一定社会时代精神的源泉,时代精神则是民族精神在各个历史时期的延续。没有民族精神,时代精神就会缺乏深厚的社会历史底蕴;同样,没有时代精神,民族精神就会僵化、过时。时代精神与民族精神只有相辅相融,才能展现其魅力和价值。改革创新和爱国主义是与社会主义相统一、以实现中华民族的根本利益为归宿的,因而以改革创新为核心的时代精神和以爱国主义为核心的民族精神,是与全面建成小康社会和社会主义和谐社会建设的进程相统一的,它们只有深深地融入民族的生命力、创造力和凝聚力之中,才有可能使中华民族能够以昂扬向上的精神状态自立于世界民族之林。因此,中国特色社会主义的共同理想是体现在伟大的民族精神和时代精神上的,而以改革创新为核心的时代精神与以爱国主义为核心的民族精神的高度统一则成为建设中国特色社会主义的精神支柱和力量源泉。

以"八荣八耻"为主要内容的社会主义荣辱观,是中华民族传统美德与社会主义初级阶段实践、人类文明发展趋势的结合,也是马克思主义世界观、人生观、价值观的重要内容。"八荣八耻"所反

为什么要坚持马克思主义

映的个人、集体、国家之间的相互关系，所涉及的人生态度、道德修养和治国方略等方面的内容，不仅是以承认世界的物质性、客观性、运动性为基础的，是以人的活动既要遵循客观世界的规律，又要通过实践认识和改造自然界及人类自身为基础的，是以对人类社会由低级到高级的发展过程、社会主义必然取代资本主义的历史趋势的认识为基础的，而且还明确地把人的生命活动历程看作是认识和改造客观世界的过程，把实现共产主义、为绝大多数人谋利益看作是人生的崇高理想。社会主义荣辱观是以中国特色社会主义为共同理想、以全心全意为人民服务为价值取向、以集体主义为核心的价值观。它充分体现了马克思主义世界观、人生观、价值观的内核，为人们正确把握马克思主义世界观、人生观、价值观奠定了基础。可见，马克思主义世界观、人生观、价值观是社会主义荣辱观的生命之魂。

八荣八耻	
以热爱祖国为荣	以危害祖国为耻
以服务人民为荣	以背离人民为耻
以崇尚科学为荣	以愚昧无知为耻
以辛勤劳动为荣	以好逸恶劳为耻
以团结互助为荣	以损人利己为耻
以诚实守信为荣	以见利忘义为耻
以遵纪守法为荣	以违法乱纪为耻
以艰苦奋斗为荣	以骄奢淫逸为耻

社会主义荣辱观是与社会主义市场经济相适应、与社会主义法律规范相协调、与中华民族传统美德相承接的社会主义思想道德体系，是新时期社会主义道德的时代体现和基本要求，体现了中华民

族传统美德和时代精神的有机结合。它从社会生活的基本层面体现和落实中国特色社会主义的共同理想、以改革创新为核心的时代精神和以爱国主义为核心的民族精神。社会主义荣辱观是实现中国特色社会主义事业和谐发展的基本保证。

建设并践行社会主义核心价值体系

建设、践行社会主义核心价值体系，必须切实地把社会主义核心价值体系融入国民教育、精神文明建设和党的建设全过程，贯穿于改革开放和社会主义现代化建设各领域，体现到精神文化产品创作生产传播各方面，坚持用其引领社会思潮，在全党全社会形成统一指导思想、共同理想信念、强大精神力量、基本道德规范。建设、践行社会主义核心价值体系是建设马克思主义学习型政党的重要任务。

马克思主义是社会主义核心价值体系的理论之基和精神实质，说明了建设并践行社会主义核心价值体系，最根本的就是要坚持马克思主义的指导地位。这是党和人民团结一致、以主流的价值取向引导全社会的价值取向、统一人们的思想和行为始终沿着正确方向前进的根本思想保证。只有坚持马克思主义的指导地位，才能坚持把马克思主义基本原理同中国具体实际相结合，不断推进马克思主义中国化，不断推进马克思主义理论创新，树立中国特色社会主义的共同理想；只有坚持马克思主义的指导地位，才能凝聚全国人民的共同力量，形成全国人民统一的精神支柱，弘扬民族精神和时代精神；只有坚持马克思主义的指导地位，才能分辨荣辱、善恶与是非，进一步巩固构建社会主义和谐社会的思想道德基础。我们清楚地认识到，坚持马克思主义的指导地位是社会主义核心价值体系的理论基础，也是建设、践行社会主义核心价值体系的思想基础。

为什么要坚持马克思主义

> 我们说要建设社会主义核心价值体系,马克思主义指导地位是最根本的。要坚持不懈地用马克思主义中国化的最新成果武装全党、教育人民,使之真正深入头脑、扎根人心,转化为广大干部群众的自觉行动。
>
> ——胡锦涛

在建设、践行社会主义核心价值体系中坚持马克思主义的指导地位,既要反对意识形态的多元化,也要反对淡化意识形态的现象,更要用"一元化"的指导思想去引领和整合多样化的社会思想。在任何社会中,社会意识可以多样化,而社会主流意识形态则只能"一元化"。在当代中国,社会主义意识形态只能以马克思主义为指导。建设、践行社会主义核心价值体系,必须坚持马克思主义"一元化"的指导地位。马克思主义作为"一元化"的指导思想,它的哲学社会科学的特质,它的学术性与意识形态性的统一,它的与时俱进的理论品质,可以引导多样化的社会意识提升品质,可以有力地消解伴随着多样化的社会意识而出现的某些落后腐朽的思想残渣,可以有效地整合多样化的社会意识,使之形成一种有序的、协调的精神现象。

在建设、践行社会主义核心价值体系中坚持马克思主义的指导地位,必须把坚持马克思主义基本原理与发展马克思主义统一起来。党的十一届三中全会以后,从以邓小平为核心的党的第二代中央领导集体,到以江泽民为核心的党的第三代中央领导集体,再到以胡锦涛为总书记的党中央,把马克思主义基本原理与中国社会主义现代化建设事业结合起来,开辟了中国特色社会主义道路,形成了中国特色社会主义理论体系。这一伟大的历史进程,不仅显示了马克思主义的强大的生命力,而且也深刻地预示了马克思主义在两个世纪交替之间,以及在新世纪中必将展示的盎然生机,表明了马克思主义在中国特色社会主义发展中的重要指导作用,以及在全国各族

怎样坚持之三
建设社会主义核心价值体系

人民树立中国特色社会主义共同理想中的重要指导作用。中国特色社会主义理论体系把坚持马克思主义基本原理与发展马克思主义统一起来，不仅是中华民族思想文化中民族精神与时代精神的成果，而且也是指引党和全体人民为建设富强、民主、文明、和谐的社会主义现代化国家，构建社会主义和谐社会，发展与创新民族精神和时代精神，以及践行社会主义荣辱观的行动指南。

在建设、践行社会主义核心价值体系中坚持马克思主义的指导地位，必须以马克思列宁主义、毛泽东思想为指导，用中国特色社会主义理论体系武装全党全国各族人民、教育青年学生，切实地把社会主义核心价值体系融入国民教育和精神文明建设全过程。这就要求必须深入了解人民群众的思想状况，仔细体察他们的要求，耐心倾听他们的呼声，用马克思主义理论去分析和回答现实生活中和他们思想上迫切需要解决的问题。学校是践行社会主义核心价值体系的重要场所和阵地。把社会主义核心价值体系融入国民教育全过程，必须根据学生的特点，规划教育内容，把融入课堂与体现在社会实践中和学校的日常管理中结合起来，在灌输教育中融入启发式教育。灌输教育是一种由外向内的教育，是通过外在的影响因素作用于受教育者，从而使受教育者内化的一种活动。但是，灌输教育并不就一定具有强制性。只有从学生的思想实际出发进行的灌输才具有启发性，才是一种"对话式"灌输，是理论与实际相联系的教育。

在建设、践行社会主义核心价值体系中坚持马克思主义的指导地位，还必须充分发挥大众传媒的作用，加强马克思主义理论和社会主义核心价值体系的宣传教育。包括报刊、图书、广播电视、电影、互联网等在内的现代传媒，是人们与外界接触的途径，对人们各种思想的形成和发展产生着直接或间接的、正面或负面的影响。大众传媒作为思想文化传播的重要载体，必须始终坚持以马克思主义为指导，大力宣传哲学社会科学研究的优秀成果，扩大优秀成果的社会影响力,坚持正确的舆论导向,大力宣传社会主义核心价值体系主旋律,引导社会朝积极上进的方向发展;同时也必须对歪曲、恶意中伤马克思主义的言论进行及时、有力的回击。大众传媒应当以具体充实、丰富多彩的内容,以生动活泼、通俗易懂的民间话语,以人们喜闻乐见的形式,以春风化雨、润物无声的方式宣传马克思主义,宣传建设社会主义核心价值体系的生动实践,使人们能够时时处处接受社会主义核心价值体系的感染和熏陶,认同社会主义核心价值体系并转化为自觉的行动。

怎样坚持之四

加强社会主义意识形态建设

在我国现阶段,加强社会主义意识形态建设,是坚持以马克思主义为指导,用"一元化"的指导思想去引领和整合多样化的社会思想的一条重要途径。

怎样坚持之四
加强社会主义意识形态建设

20世纪社会主义发展历史上出现的震惊世界的苏东剧变事件，其重要原因之一就是意识形态"多元化"，马克思列宁主义不再是指导思想，反社会主义思想、资产阶级思想在意识形态领域占据主导地位。苏东剧变事件的发生说明了一个深刻的道理：在意识形态领域，不讲指导思想的"一元化"，不讲以马克思主义为指导思想，社会主义是没有出路的。在我国现阶段，加强社会主义意识形态建设，是坚持以马克思主义为指导，用"一元化"的指导思想去引领和整合多样化的社会思想的一条重要途径。

社会主义意识形态领域存在的问题

统治阶级的思想在每一时代都是占统治地位的思想。这就是说，一个阶级是社会上占统治地位的物质力量，同时也是社会上占统治地位的精神力量。支配着物质生产资料的阶级，同时也支配着精神生产资料，因此，那些没有精神生产资料的人的思想，一般的是隶属于这个阶级的。任何社会都存在着主流意识形态和各种非主流意识形态。主流意识形态构成一个社会思想文化的中枢和支柱，构成一个民族精神信仰的基础和载体，起着扩大政治认同、进行政治整合、规范政治行为、增强政治体系的合法性、促进政治稳定的作用。

主流意识形态，是指一定时期内一个社会占主导地位的意识形态，包括占统治地位的艺术思想、道德观念、政治法律思想、宗教观点和哲学观点。一个社会要想保持稳定，就必须有主流意识形态来统一全体社会成员的思想观念。

新中国成立以后，马克思主义在我国意识形态领域内的主导地位得到确立，社会主义意识形态得到人民群众的信仰并认同。但是，改革开放以来，随着社会主义市场经济体制的建立和发展，经济社会快速发展的同时，思想文化领域出现了多样化，主流意识形态趋于弱化、淡化。在主流意识形态之外，各种社会思潮如新儒学、新

为什么要坚持马克思主义

自由主义、新保守主义、后现代主义、拜金主义等层出不穷，从而使我国意识形态领域也出现了一系列问题。

第一，信仰和认同发生危机。由于西方资本主义国家在经济、技术、生活等方面占据优势，苏联东欧社会主义遭遇挫折，国际共产主义运动跌入低潮，经济全球化进程中西方敌对势力传输西方文化和意识形态，加上我国正处于社会主义市场经济体制的建立和发展时期，因而社会各界有些人深受影响，对马克思主义、社会主义迷茫、模糊、动摇、失落甚至淡漠，政治信仰发生危机，道德规范发生困惑与失范，享乐主义、极端个人主义、拜金主义、利己主义等思潮泛滥，我国的主流意识形态遭到巨大冲击。

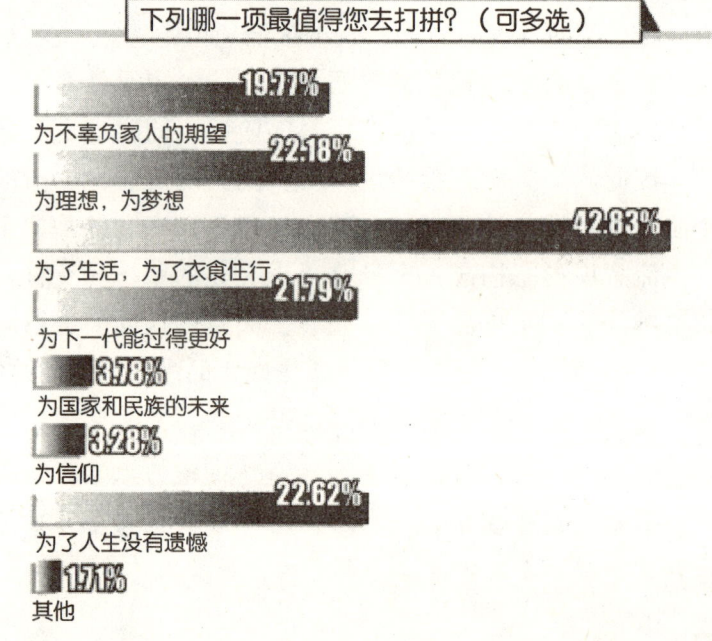

下列哪一项最值得您去打拼？（可多选）

选项	比例
为不辜负家人的期望	19.77%
为理想，为梦想	22.18%
为了生活，为了衣食住行	42.83%
为下一代能过得更好	21.79%
为国家和民族的未来	3.78%
为信仰	3.28%
为了人生没有遗憾	22.62%
其他	1.71%

资料来源：孙墨笛：《国家应更多为民众个体考量——中国民众"打拼"心态调查》，载《人民论坛》，2009（28）。

第二，意识形态发生分化。改革开放以来，随着我国社会主义市场经济体制的发展，社会的经济成分、物质利益、生活方式、就

怎样坚持之四
加强社会主义意识形态建设

业岗位和就业方式日益多样化，人们的思想状况也日趋复杂多样，意识形态和政治文化的多样性已经成为我国思想文化领域不容忽视的客观现实。因此，不仅在主流意识形态之外出现了非主流意识形态，而且非主流意识形态也日益分化和多元化。这深刻说明了主流意识形态所受到的巨大压力及所承负的引领和整合非主流意识形态的巨大社会责任。

第三，主流意识形态被淡化。我国社会主义市场经济体制不仅是一种经济形态，同时也是一种价值体系，自主、平等、竞争、信用、法制等观念，构成了市场经济的基本理念和基本原则。市场经济主体的多元化和市场经济的趋利性，不仅导致人们价值观念的多元化，而且也使人们更多地关注自身的利益。经济全球化不仅促进了市场经济的发展，使得人们根据市场经济的规则去选择和评判意识形态，而且也使得人们会在文化和意识形态上提出新的要求。因此，主流意识形态被冲击、被淡化甚至被重构的倾向日益突出。

尽管我国现阶段存在着多种意识形态成分，但是，马克思主义在社会主义意识形态建设中居于核心地位，马克思主义是社会主义意识形态的旗帜和灵魂，以马克思主义为指导的社会主义意识形态是占统治地位的主流意识形态，这是不容否认的。诞生于160多年前的马克思主义，第一次正确揭示了自然界、人类社会和思维发展的普遍规律，揭示了人类社会发展的历史规律。在不同的历史时期，在结合新的时代特征、总结新的实践经验和新的科学成果的基础上，马克思主义不断得到创新和发展。在俄国，列宁曾经把马克思主义普遍原理与俄国实际结合起来，创立了列宁主义，把马克思主义推进到一个新阶段。在中国，以毛泽东、邓小平、江泽民、胡锦涛为代表的中国共产党人把马克思主义与中国具体实际相结合，实现了马克思主义在中国的历史性飞跃，开拓了马克思主义的新境界。在世界的其他国家和地区，许多共产党人也在按照自己的方式和本国的国情不断运用、发展马克思主义。创新和发展是马克思主义的灵魂，与时俱进是马克思主义的理论品质。创新和发展、与时俱进，是马克思主义长盛不衰、永葆青春的根本原因，是马克思主义的生命力和战斗力之所在。

马克思主义的创新和发展、与时俱进，说明了一个很深刻的道理，即必须用马克思主义的最新成果引领社会主义意识形态的建设和发展。

社会主义主流意识形态只能"一元化"

在我国，社会经济成分、组织形式、就业方式、利益关系和分配方式的日益多样化，反映在人们的思想观念上，出现了社会意识多样化的趋势，这是社会生活多样化在观念形态上的反映。我们应该看到，社会意识的多样化不等同于社会主流意识形态的多样化。社会意识多样化说明的是人们思想空前活跃、人们思想活动的独立性、选择性、多变性、差异性增强，说明人们的思想意识不断得到解放，具有探索精神和创造活力，它是社会主义文化建设的积极成果，是我国思想文化领域日益繁荣的重要表现。而社会主流意识形态讲的则是一个社会占据主导地位的意识形态，是统治阶级意志在思想体系上的集中反映。在任何社会中，社会意识可以多样化，而社会主流意识形态则只能"一元化"。

社会意识，主要是指社会存在在社会精神领域中的反映，是精神现象的总和，包括社会中人的一切意识要素和观念形态。社会意识是一个复杂的系统，具有多层次的结构。从社会意识的主体的角度，社会意识可分为个人意识和群体意识；从社会意识反映社会生活本质程度的角度，社会意识可分为社会心理和社会意识形式；从社会意识和经济基础关系的角度，社会意识可分为属于上层建筑的社会意识形式（如具有鲜明阶级性的政治法律思想、道德、艺术、宗教、哲学等）和不属于上层建

怎样坚持之四
加强社会主义意识形态建设

筑的社会意识形式（如没有阶级性的自然科学、语言学、形式逻辑学等）。

在我国改革不断深化、对外开放不断扩大、经济关系发生深刻变化的情况下，社会思想文化呈现多样化或多元化是不可避免的，但社会主流意识形态决不能搞多样化或多元化，而只能"一元化"。因为任何社会，主流意识形态都是统治阶级的利益和意志的集中反映。在当代中国，主流意识形态只能是以马克思主义为指导的社会主义意识形态，马克思主义的指导地位只能是"一元化"的。如果认为只要现阶段社会经济的发展能给人们带来实惠就不需要再讲什么意识形态，马克思主义理论以往的功能性作用实际已经不存在了，那么，就是要放弃马克思主义的指导地位，其实质必然会导致我国社会主流意识形态的坍塌和整个意识形态的失序，引起人心混乱和社会动荡，就会断送中国特色社会主义伟大事业和丧失中国共产党的执政地位。如果认为可以用什么"新儒学"、"自由主义"等替代马克思主义作为中国当前的主流意识形态，那么，实际上就是在搞指导思想的多元化，是要取消社会思想文化的主导力量，消解当代中国的党魂、国魂、民魂，消解全党和全国各族人民用以维系党和国家前途命运的精神武器。无论是放弃马克思主义的指导地位还是搞指导思想的多元化，后果必然是党无宁日、国无宁日、民无宁日。

坚持指导思想的"一元化"与承认、尊重社会意识的多样化是不矛盾的。反映人们思想活动独立性、选择性、多变性和差异性的社会意识，既是社会开放和文明进步的产物，标志着人们个性的张扬、思想的活跃和创造力的释放，推动着社会全面进步和人的全面发展，也是社会实践的产物，反映了人们日益丰富充实的精神需求，更是显示了社会主义社会精神世界的绚丽多彩，因而对"一元化"的指导思想具有很重要的促进和补充作用。多样化的社会意识既可以在价值取向和社会功能上与"一元化"的指导思想形成良性互动的关系，也可以促使"一元化"的指导思想从社会实践中汲取丰富的思想营养，不断变革、创新，与时俱进，保持蓬勃的生机和青春的活力。但是，我们必须看到，"一元化"的指导思想对多样化的社会意识则具有极其重要的引领和整合功能。我们必须在承认、尊重社会意识多样化的基础上，坚持马克思主义的"一元化"的指导思想地位，而决不能搞社会主义社会主流意识形态的多样化。

加强社会主义主流意识形态的建设

面对新的历史条件下复杂的价值观念和思想意识对社会主义主流意识形态的冲击，面对淡化、消解社会主义主流意识形态的错误思想，加强社会主义主流意识形态的建设，就成为中国共产党坚持马克思主义、巩固其执政党地位、维持社会政治的稳定必须进行的一项重要工作。

第一，必须正确区分学术问题、思想认识问题与政治问题的界限。在国际共产主义运动的跌宕起伏和各种反马克思主义思潮的嚣张气焰中，在社会主义建设遭受种种挫折和失误面前，特别是在马克思主义者的队伍发生了分化，一部分人背离了马克思主义，甚至走向了反马克思主义的情况下，要加强社会主义主流意识形态的建设，就必须在批判各种反马克思主义思潮、坚持马克思主义中，划清马克思主义与反马克思主义的界限，区分什么是马克思主义与什么是反马克思主义。划清马克思主义与反马克思主义的界限，区分什么是马克思主义与什么是反马克思主义，是一件非常复杂的事情，而能正确区分学术问题、思想认识问题与政治问题的界限是首要方面。

区分"学术"、"思想认识"、"政治"问题，要求我们不能把一般的学术问题当作思想认识或政治问题，更不能把学术探讨中的不同观点或者是错误观点当作是反马克思主义的观点；区分"学术"、"思想认识"、"政治"问题，也有一个掌握判断的准则问题，这就是

怎样坚持之四
加强社会主义意识形态建设

要以是否坚持了马克思主义的立场、观点和方法，是否坚持了马克思主义的科学体系和基本原理为准则，要以实践作为检验的标准。反马克思主义思潮不仅在理论上反对马克思主义基本原理，而且在实践中根本反对社会主义革命和社会主义建设，否定世界工人运动，损害广大劳动者的利益。《中华人民共和国著作权法》第一章第一条明文规定：文学、艺术和科学作品的创作和传播，必须"有益于社会主义精神文明、物质文明建设"。偏离这一服务方向的作品，不仅不受到《中华人民共和国著作权法》的保护，而且还要严厉取缔。显然，对学术问题，必须鼓励创新和探索，提倡不同学术观点、学术流派的争鸣和切磋，提倡科学说理的批评与反批评；对一般的思想认识问题，必须积极引导、多做工作；对事关政治方向和根本原则的问题则要旗帜鲜明、毫不含糊；对错误观点，决不能听之任之，更不允许公开传播，必须坚决反对。

区分学术问题、思想认识问题与政治问题的界限，是在批判各种反马克思主义思潮、坚持马克思主义中进行的。在当前世界社会主义运动处于低潮时期，在西方敌对势力对社会主义国家实施"和平演变"战略的情况下，特别是在社会主义社会实践中出现了许多新的问题和新的特点之时，各种反马克思主义思潮以理论形式表现在政治、经济、哲学、历史等各个学术领域，从而达到其反对党的四项基本原则的政治目的。在政治领域，反马克思主义思潮的理论表现就是否定马克思主义的政党学说，否定共产党的领导；在经济领域，反马克思主义思潮的理论表现就是否定马克思主义的劳动价值论和剩余价值论；在哲学领域，反马克思主义思潮的理论表现就是否定马克思主义的辩证唯物主义和历史唯物主义；在历史领域，反马克思主义思潮的理论表现就是否定马克思主义的阶级斗争学说，否定革命。在现实的生活中，反马克思主义思潮为了掩饰自己的反动性，往往会附着于一些易于迷惑人、蒙骗人的错误观点。反马克思主义思潮附着于马克思主义"过时论"流行就是它的典型手法，

为什么要坚持马克思主义

通过用"马克思主义理论不能解决当前的实际问题"、"马克思主义是19世纪的学说,今天已经过时了"的说法,来扼杀马克思主义,打倒马克思主义。对此,我们必须有清醒的认识。

马克思"火"了

《资本论》是马克思献给全世界无产阶级的一部最重要的科学文献。100多年前,它在世界各国广泛流传。华尔街金融危机的蔓延,让自由资本主义走入了死胡同,批判资本主义的鸿篇巨制《资本论》重新成为读者的宠儿。这本书的主要读者是青年学者。因为这次金融危机的大爆发告诉青年一代,新自由主义的幸福诺言并没有兑现。如今在德国,《资本论》销售量与2005年相比提高了两倍。英国媒体开玩笑称,如果马克思还在世的话,《资本论》的巨额版税收入会让他轻松进入福布斯富豪榜。现在,因为金融危机而焦头烂额的德国现任财长施泰因布吕克,现在也开始阅读《资本论》。如今已经数个月没有睡个安稳觉的施泰因布吕克,甚至成了马克思的粉丝。《汉堡晚报》评论说:现在马克思的魅力正在飞速增加。

《资本论》第一卷,1867年汉堡第一版

资料来源:《〈资本论〉"热"了 马克思"火"了》,见新华网,2008-10-18。

第二,必须正确处理坚持马克思主义基本原理与发展马克思主义的关系。坚持和发展马克思主义,继承和创新马克思主义,既是对当代马克思主义者提出的历史课题,也是现时代发展的历史趋势。

怎样坚持之四
加强社会主义意识形态建设

20世纪初,在马克思主义发展面临着"危机"的时候,列宁就把为捍卫马克思主义基础而进行坚决顽强的斗争作为迫切任务,并对马克思主义的繁荣发展充满着信心。今天,正确处理坚持马克思主义基本原理与发展马克思主义的关系,已成为加强社会主义主流意识形态建设的迫切任务。

马克思主义是随着历史和时代变化而不断发展的一门科学,马克思主义始终是在与历史和时代变化的新特征的结合中、在与各国的具体国情的结合中,对时代与社会发展提出的一系列重大问题作出新的回答、得出新的科学结论。列宁面对资本主义时代的变化,对资本主义发展中出现的新现象、新问题进行了研究,揭示了资本主义时代新变化的实质。在这一基础上,列宁继承了马克思恩格斯关于竞争和垄断的关系、股份公司在资本主义生产关系发生重大变化中的作用、资本积累过程中存在资本过剩等问题的分析方法,并在新的历史条件下发展了马克思恩格斯思想,创立了科学的帝国主义理论。十月革命前后,列宁在俄国社会主义革命和建设的实际中,

1917年11月7日,十月革命爆发

为什么要坚持马克思主义

天才地探索了在经济文化比较落后的国家进行社会主义革命和建设的道路的问题。特别是十月革命胜利以后，列宁在社会主义国家经济建设、政权建设、思想文化建设、民主法制建设以及执政党建设等方面的实践及其理论探讨，开创了20世纪经济文化比较落后国家社会主义发展的新道路，极大地丰富和发展了科学社会主义理论。在如何处理好坚持、继承和发展、创新马克思主义的重要问题上，列宁为后来的马克思主义者做出了光辉的榜样。

列宁之所以能在时代发生新变化的情况下，对马克思主义作出历史性的贡献，同他对马克思主义采取的科学态度是分不开的。列宁从来不认为马克思恩格斯的学说是我们必须熟读死背的教条，而坚持把马克思主义当作行动的指南。列宁注重一切从实际出发，把马克思主义基本原理同俄国革命和建设的具体实际相结合，不断研究新情况，着力于解决新问题，致力于提出新理论，使马克思主义随着时代的变化和无产阶级斗争实践的发展而不断发展。对马克思主义的科学态度，是真正地坚持和科学地发展、真正地继承和科学地创新马克思主义的基本前提。

在中国，党的十一届三中全会以后，以邓小平为核心的党的第二代中央领导集体，敏锐地把握时代发展的脉搏和契机，深刻地理解马克思主义的实质，在中国社会主义改革和现代化建设的实践中，把马克思主义基本原理同中国和当代世界的实际结合起来，既继承前人又突破陈规，以巨大的理论勇气，开创了在像中国这样的经济文化比较落后的国家，建设、巩固和发展社会主义的新道路，形成了邓小平理论这一当代中国的马克思主义，为马克思主义在当代世界的发展作出了重大贡献。20世纪90年代，在以江泽民为核心的党的第三代中央领导集体的领导下，中国的社会主义现代化建设事业蓬勃发展，中国特色社会主义道路前景辉煌。这一伟大的历史进程，不仅显示了马克思主义的强大的生命力，而且也深刻地预示了马克思主义在两个世纪交替之间，以及在新世纪中必将展示的盎然生机。

怎样坚持之四
加强社会主义意识形态建设

1978年，十一届三中全会召开

在新的历史时期，以胡锦涛同志为总书记的党中央根据时代变化的新特征，根据中国社会发展的具体情况，坚持和发展了马克思主义，奋力开拓中国特色社会主义的未来前景，也深刻表明了马克思主义在中国特色社会主义发展中的重要指导作用。

第三，必须正确处理坚持马克思主义的指导地位与贯彻"双百"方针的关系。加强社会主义主流意识形态建设，在坚持马克思主义指导地位的同时必须认真贯彻"双百"方针。"双百"方针是促进艺术发展和科学进步的方针，艺术的发展和科学的进步需要有宽松和谐的学术环境和学术自由，需要学者个性的张扬、思想的活跃和创造力的释放。贯彻"双百"方针，可以保证各种学术观点、学术流派平等自由地展开争鸣交锋，从而激发创造精神，拓展研究视野，提高研究水平，发展和繁荣学术。因此，"双百"方针体现了生动、活泼、民主、团结的学术氛围，弘扬了人们在实践和理论的双重探索中不断认识真理、坚持真理的精神。但是，学术自由和学术责任又是不可分的。艺术发展和科学进步必须坚持"二为"方向。为人民服务是艺术发展和科学进步的根本出发点，也是其最根本的价值目标。离开了为人民服务，艺术发展和科学进步就失去了存在的意义与价值。为社会主义服务，就是为发展中国特色社会主义的伟大事业服务，这是艺术发展和科学进步的崇高使命。要完成这一崇高

为什么要坚持马克思主义

使命,就必须深入研究改革开放和现代化建设的实践,对人民群众创造的宝贵经验进行科学总结和理论概括,不断深化对共产党执政规律、社会主义建设规律、人类社会发展规律的认识,加强对全局性、前瞻性、战略性重大理论和实践问题的研究。

"二为"方向,即文艺为人民服务、为社会主义服务的方向。它是继1942年毛泽东《在延安文艺座谈会上的讲话》中提出的"文艺为工农兵服务"的方向之后,根据我国社会主义新时期的总路线、总任务和我国目前阶级关系的变化,以及社会主义矛盾的变化的实际情况,由党中央在党的十一届三中全会后提出来的,是对工农兵方向的丰富和发展。它高度概括了我国现阶段文艺的性质、任务和目的,不仅反映了社会主义时代对文艺的历史要求,而且符合文艺本身的发展规律。它是我国社会主义文艺发展的基本方向和总方针。

"双百"方针,即1956年毛泽东提出的"百花齐放、百家争鸣"的方针,是繁荣文化事业的基本方针。该方针以发展繁荣社会主义文化为目的,提倡文艺工作者在为社会、为人民服务的前提下,可以运用各种形式、各种风格、各种流派进行艺术创作,鼓励各种艺术门类的蓬勃发展。坚持百花齐放、百家争鸣的方针,是社会主义初级阶段的基本国情对文化建设提出的客观要求,是由人民群众日益增长的多层次、多方面、多样化精神文化需求决定的。

在"双百"方针中,马克思主义是百家中的一家,但却是占据指导地位的一家。贯彻"双百"方针,必须坚持用马克思主义占领意识形态领域阵地。意识形态领域,马克思主义不去占领,反马克思主义的思潮、思想必然会去占领。在当前我国意识形态领域还存在反马克思主义、反社会主义思潮的情况下,我们决不能让那些反马克思主义的思潮、思想有可乘之机,决不能让它们占领理论、宣传和舆论阵地。但是,坚持马克思主义的指导地位,并不排斥充分

怎样坚持之四
加强社会主义意识形态建设

吸收世界文化包括中国传统文化的优秀成果。立足当代继承民族优秀文化传统，立足本国吸收外域文化的优秀成果，是对待中国传统文化和外域文化的正确态度。对中国传统文化、外域文化进行批判分析、汲取精华、剔除糟粕的过程，实际上就是与中国实际和时代特征相结合的过程，就是积极推动学术观点创新、学科体系创新和科研方法创新，不断开辟马克思主义和社会科学理论发展新境界的过程。

坚持马克思主义的指导地位与贯彻"双百"方针是辩证统一的。贯彻"双百"方针，通过学术自由的展开来发展和繁荣学术，可以促进马克思主义理论的发展，巩固马克思主义的指导地位；同时，坚持马克思主义的指导地位，也可以保证学术研究始终沿着正确的政治方向前进，避免出现思想上和理论上的混乱，不断加强中国特色社会主义文化建设。因此，我们可以非常清楚地看到，"百花齐放、百家争鸣"在于鼓励人们勇敢地和自由地探求客观真理，坚持马克思主义的指导地位则要求我们遵循科学真理，按照客观规律办事。我们既不能以强调坚持马克思主义的指导地位来否定贯彻"双百"方针，也不能以强调贯彻"双百"方针来否定坚持马克思主义的指导地位。

努力掌握和运用马克思主义立场、观点、方法

> 马克思的整个世界观不是教义,而是方法。它提供的不是现成的教条,而是进一步研究的出发点和供这种研究使用的方法。
>
> ——恩格斯

努力掌握和运用马克思主义立场、观点、方法

马克思主义立场、观点、方法，是马克思主义科学思想体系的精髓所在，贯穿于马克思列宁主义、毛泽东思想和中国特色社会主义理论体系之中。坚持马克思主义，最根本的是要坚持和运用马克思主义立场、观点、方法研究解决实际问题。

马克思主义立场、观点、方法的内涵

立场，就是人们观察、分析、处理问题的根本立足点、出发点和所持的态度。立场是由人们的经济政治社会利益和地位决定的，由于利益和地位的差别，不同阶级、阶层或社会集团有着不同的立场。马克思主义的立场是无产阶级的立场，是人民大众的立场。马克思恩格斯认为，历史活动是人民群众的事业，人民群众既是历史的主人，也是历史的创造者，共产党人的利益、无产阶级的利益和绝大多数人的利益是一致的，为无产阶级和全人类的大多数谋福利是无产阶级政党的天职。他们在《共产党宣言》中明确指出，过去的一切运动都是少数人的或者为少数人谋利益的运动。无产阶级的运动是绝大多数人的、为绝大多数人谋利益的独立的运动。是否站在人民大众的立场上，是判断马克思主义政党的试金石。历史也反复证明，无产阶级政党只有同人民保持联系，才能获得力量，不断取得斗争的胜利。

观点，就是人们对事物或问题的看法和见解。马克思主义的观点是从马克思主义的立场出发形成的对事物的看法，主要包括关于辩证唯物主义和历史唯物主义的基本观点、关于资本主义社会基本矛盾的观点、关于无产阶级政党的基本观点、关于发展社会主义民主的基本观点、关于社会主义本质和社会主义建设的基本观点等等。这些基本观点是马克思主义关于自然界、人类社会和人类思维的基本原理、基本结论，而不是个别原理、个别结论。这些观点体现着马克思主义观察处理问题的出发点、原则和指南，它们相互联系，

为什么要坚持马克思主义

贯穿于哲学、政治经济学和科学社会主义各领域之中，构成了马克思主义科学的理论体系。

电影《白毛女》海报

在《白毛女》这个故事中，有些人看到的是简单的债权债务纠纷，杨白劳欠债，理应偿还；有些人透过表面的债权债务关系，看到了不合理的制度的本质；有些人认为喜儿选择反抗是很愚蠢的，觉得喜儿嫁给黄世仁不失为一种好的选择。

方法，就是人们为了实现某种目标所采取的手段、方式、途径。马克思主义的方法是从马克思主义的立场、观点出发观察、处理问题的手段、方式、途径。马克思主义的方法主要有实事求是的方法、具体问题具体分析的方法、历史与逻辑统一的方法、阶级分析的方法等等。简单地说，马克思主义的方法就是辩证唯物主义和历史唯物主义的方法。因为马克思主义的世界观和方法论是统一的，世界观中包含方法论，方法论中渗透着世界观。当从辩证唯物主义和历史唯物主义出发去认识世界时，它就是世界观。而当用辩证唯物主义和历史唯物主义去能动地改造世界时，它就成为了方法论。

马克思主义的立场、观点、方法，具有各自不同的内涵，从不同角度揭示了马克思主义的内容和品质。但在同时，三者又是紧密联系、不可分割的，具有内在统一性。其中，立场是观点、方法的前提和基础，观点、方法是立场的生动体现。有什么样的立场，就会有什么样的观点和方法。只有坚定地站在无产阶级立场上，才能真正理解和掌握马克思主义的观点，也才能运用马克思主义的方法观察和解决各种实际问题。割裂了三者的内在统一性，则不可避免地会在表面坚持马克思主义的前提下，以各种形式走入反马克思主义的泥潭，如以马克思恩格斯的个别论断否定马克思主义基本原理的普适性，以马克思主义产生的时代为由否定马克思主义的真理性等。

马克思主义立场、观点、方法命题的不懈探索

中国共产党是中国无产阶级的政党，从诞生那一天起，就把马克思主义作为自己的指导思想。在团结带领全国人民推进革命、建设、改革的历史进程中，党围绕"什么是马克思主义、怎样对待马克思主义"的问题进行了不懈探索，提出了一系列关于马克思主义立场、观点、方法的科学认识。注重掌握和运用马克思主义立场、观点、方法来研究和解决中国的实际问题，成为中国共产党人的传家宝。

马克思主义揭示了自然界、人类社会和思维发展的一般规律，它是科学而不是教条，没有也不可能为每个国家提供一切问题的现成答案。只有同各国实际相结合，马克思主义才有生命力，才能不断向前发展。在革命初期，年轻的共产党满腔热情地拥抱马克思主义，并在马克思主义的指导下领导人民开展革命。然而，由于对马克思主义缺乏深刻认识，对马克思主义与中国具体实际的结合还缺乏经验，坚持马克思主义被理解为对马克思恩格斯的话照抄照搬，不折不扣地贯彻执行，马克思主义教条化、共产国际决议绝对化、苏联经验神圣化等错误倾向在党内一度盛行。特别是王明的"左"倾机会主义，鼓吹"百分之百"忠诚于共产国际，恪守城市中心论，主张搞城市武装暴动。脱离实际的教条主义导致革命力量遭受重大损失，中国革命几乎陷于绝境。面对严酷的现实，以毛泽东为代表的共产党人同机会主义路线进行了坚决斗争，提出了关于学习和运

为什么要坚持马克思主义

用马克思主义的立场、观点、方法的一系列观点。

《反对本本主义》是毛泽东1930年5月为反对当时中国工农红军中的教条主义思想而写的关于调查研究问题的重要著作，原名《调查工作》。在这篇著作中，毛泽东从认识论高度第一次鲜明地提出"没有调查，就没有发言权"，"中国革命斗争的胜利要靠中国同志了解中国情况"等著名论断，标志着毛泽东哲学思想的初步形成。

《反对本本主义》

在《反对本本主义》、《实践论》、《矛盾论》、《中国共产党在民族战争中的地位》等著作中，毛泽东对教条主义进行了深入批判，提出了马克思主义基本原理必须同中国革命实际相结合的原则，认为辩证法唯物论是无产阶级的宇宙观，同时又是无产阶级认识周围世界的方法和革命行动的方法，是宇宙观和方法论的一致体，强调应当把马克思主义看作行动的指南，而不应当只是学习马克思列宁主义的词句。在《改造我们的学习》、《整顿党的作风》等著作中，毛泽东对马克思主义立场、观点、方法的命题进行了更为详尽的论述，阐明了为什么要坚持马克思主义立场观点方法的问题。毛泽东提出，主观主义不是为了解决中国革命的理论问题和策略问题而到马克思、恩格斯、列宁、斯大林那里找立场，找观点，找方法，而是为了单纯地学理论而去学理论。要使马克思列宁主义的理论和中国革命的实际运动结合起来，是为着解决中国革命的理论问题和策略问题而去从它找立场，找观点，找方法的，必须要坚持实事求是的态度。

努力掌握和运用马克思主义立场、观点、方法

毛泽东关于马克思主义立场、观点、方法的探索，纠正了以往对什么是马克思主义、怎样对待马克思主义的错误认识，为坚持和发展马克思主义奠定了理论基础。在运用马克思主义立场、观点、方法分析解决中国实际问题的过程中，形成了一切从实际出发、理论联系实际、实事求是、在实践中检验真理和发展真理的思想路线，工农武装割据的思想，人民军队和人民战争的思想，共产党与其他政治力量建立革命统一战线的理论，新民主主义的政治、经济、文化的思想，正确处理人民内部矛盾的原则，社会主义改造的理论，党的思想、组织、作风建设的一系列原则等理论观点，取得了新民主主义革命的胜利，确立起社会主义制度。

《改造我们的学习》

西汉时候，汉景帝刘启的三儿子刘德被封为河间献王。刘德对于研究学问很有兴趣，他深入民间搜集到很多先秦时期的古书，认真地进行学术研究和历史考证工作。对于刘德这种治学态度，班固在《汉书》中赞扬道："修学好古，实事求是。"后来，唐代颜师古又加以注释说："务得事实，每求真是也"。根据这些记载和故事，人们便引出"实事求是"这个成语。

在中国这样一个人口众多、经济文化落后的东方大国建设社会主义，是马克思主义发展史上的一个全新课题。在对如何建设社会主义的探索中，我们取得了一系列重要的成就，但在思想认识上也出现了一些偏差，马克思主义关于未来社会的预测被教条化，一些脱离中国实际的主观主义想法被贴上了马克思主义标签，其结果是思想僵化、迷信盛行，窒息了社会主义的生机活力。针对这种情况，

为什么要坚持马克思主义

邓小平再次强调了马列主义立场、观点、方法的命题,提出毛泽东同志历来坚持要用马列主义的立场、观点、方法来提出问题,分析问题,解决问题。马克思主义的活的灵魂,就是具体地分析具体情况。邓小平还把实事求是与马列主义立场、观点、方法紧密联系起来,提出实事求是,是毛泽东思想的出发点、根本点,是马克思主义的根本观点、根本方法,是用中国语言概括的辩证唯物主义和历史唯物主义的思想路线。一句话,实事求是、一切从实际出发是马克思主义的方法论精髓。他强调,马列主义、毛泽东思想的基本原则,我们任何时候都不能违背,这是毫无疑义的。但是,一定要和实际相结合,要分析研究实际情况,解决实际问题。按照实际情况决定工作方针,这是一切共产党员所必须牢牢记住的最基本的思想方法、工作方法。

邓小平

实事求是思想路线的重新确立,进一步促进了马克思主义中国化的进程。为了更好地实现马克思主义基本原理与中国实际的结合,推进中国特色社会主义建设事业,江泽民对坚持实事求是思想路线提出了新的要求,丰富了党关于马克思主义的立场、观点、方法的认识。江泽民提出,否认马克思主义的科学性,丢掉"老祖宗",是错误的、有害的;教条式地对待马克思主义,也是错误的、有害的。我们学习理论,关键要学会运用马克思主义的立场、观点、方法来观察和解决问题,提高辩证思维的能力,防止形而上学和片面性。他强调,在新的历史时期,坚持马克思列宁主义、毛泽东思想,关键要坚持用邓小平理论去观察当今世界、观察当代中国,不断总结实践经验,不断作出新的理论概括,不断开拓前进。

努力掌握和运用马克思主义立场、观点、方法

子贡推广桔槔的故事

子贡经过汉水南边时，见一老头儿正在灌溉田地。老头先开好一条通到井底的坡道，然后抱着一个水瓮一步步走到井里去，取了水再抱到田里去浇。子贡对他说："老人家，您为什么不用汲水工具来灌溉呢？例如有一种叫做'桔槔'的，利用它来灌溉，一天能浇一百畦，又快又省力，您难道不知道吗？"老头听了，很不高兴，说道："谁说我不知道呢！但是，我不愿意用那种玩意儿。我这样干了快一辈子了，还不是过来了？再说，我也习惯了。"这个故事实际上告诉我们：思想保守僵化，必然会导致观念陈旧、体制滞后、发展落后。

进入新世纪新阶段，面对国际国内广泛深刻复杂的变化，如何坚持和发展马克思主义的问题显得更为突出。基于党关于马克思主义立场、观点、方法的科学认识，胡锦涛对马克思主义立场、观点、方法的命题作出了新的阐述。胡锦涛提出，解放思想、实事求是、与时俱进，是马克思主义活的灵魂，是我们适应新形势、认识新事物、完成新任务的根本思想武器。高举毛泽东思想、邓小平理论、"三个代表"重要思想的旗帜，不断开创中国特色社会主义事业新局面，不断开创马克思主义在中国发展的新境界，最重要的是始终坚持贯穿这个科学思想体系的活的灵魂，始终坚持马克思主义立场、观点和方法。他在庆祝中国共产党成立九十周年大会上的讲话中强调，马克思主义，理论源泉是实践，发展依据是实践，检验标准也是实践。由于实践发展永无止境，因而认识真理永无止境，理论创新永无止境，这就进一步回答了怎样坚持马克思主义的一个重大问题，指明了坚持马克思主义，进行理论创新的方向和路径。

伴随着马克思主义立场、观点、方法认识的不断升华，逐步形成了社会主义初级阶段理论、社会主义本质论、社会主义改革动力论、社会主义市场经济论、社会主义全面发展论等一系列富有独创精神的理论观点。这些理论观点既体现着马克思主义的基本原理，

为什么要坚持马克思主义

又渗透着中国共产党人的独创精神。它们科学回答了什么是社会主义、怎样建设社会主义，建设什么样的党、怎样建设党，实现什么样的发展、怎样发展等重大问题，构成了中国特色社会主义理论体系的基本内容。在实践中，对马克思主义立场、观点、方法认识的不断升华，推动着改革不断向纵深发展。从农村到城市，从沿海到内地，从对内搞活到对外开放，从经济到政治、文化、科技、教育及其他领域，开辟出一条中国特色社会主义道路。对于中国特色社会主义建设的成就，邓小平有过这样的总结：我们改革开放的成功，不是靠本本，而是靠实践，靠实事求是。胡锦涛也在纪念党的十一届三中全会召开三十周年大会上的讲话中提出："30年的历史经验归结到一点，就是把马克思主义基本原理同中国具体实际相结合，走自己的路，建设中国特色社会主义。"他要求要以我们正在做的事情为中心，着眼于马克思主义理论的运用，着眼于对实际问题的理论思考，着眼于新的实践和新的发展，不断赋予当代中国马克思主义鲜明的实践特色、民族特色、时代特色，让当代中国马克思主义放射出更加灿烂的真理光芒。

坚持和运用马克思主义立场、观点、方法分析解决问题

马克思主义是放之四海而皆准的真理，是真正能够经得起检验的科学理论。坚持马克思主义，最重要、最根本的就是坚持马克思主义的立场、观点、方法，这是几代中国共产党人秉持的马克思主义观，是中国革命、建设和改革事业不断取得胜利的法宝。

中国特色社会主义，是改革开放以来中国共产党人坚持运用发展马克思主义的伟大历史性创造。中国特色社会主义，体现在实践上，就是开辟了中国特色社会主义道路；体现在理论上，就是形成了中国特色社会主义理论体系；体现在政治上，就是要高举中国特

色社会主义伟大旗帜。从形式上看，中国特色社会主义在所有制结构方面存在着多种经济成分，在分配领域存在着剥削现象，在政治领域存在着不同的政治诉求，在思想领域存在着意识形态多元化等问题，从而在表面看来是与马克思主义相矛盾的。但从根本上讲，中国特色社会主义与马克思主义是一致的。中国特色社会主义坚持了马克思主义的基本原则，是马克思主义同当代中国具体实际相结合的产物，它比较系统地回答了在中国这样的经济文化比较落后的国家如何建设社会主义、如何巩固和发展社会主义的一系列基本问题，用新的思想、观点，进一步发展了马克思主义。坚持运用马克思主义立场、观点、方法来分析处理中国社会主义建设面临的各种问题，是全面推进中国特色社会主义建设的应有之义。

坚持马克思主义的立场、观点、方法是具体的，而不是抽象的。马克思主义的立场、观点、方法体现在马克思主义的具体的理论观点之中，并随着时间的发展而发展。在当代中国，坚持马克思主义的立场、观点、方法，最根本的就是坚持中国特色社会主义理论体系的立场、观点、方法。中国特色社会主义理论体系，是在我国社会主义初级阶段的具体国情下产生的科学理论体系，它以新的概括和表述形式对马克思主义进行了符合当代实际的全新阐释，集中体现了具有当代中国共产党人特色的马克思主义立场、观点、方法。具体来看，主要有代表人民大众根本利益的立场、实现科学发展的观点、坚持以人为本的观点，以及唯物辩证法、实事求是的思想方法、群众路线的方法，等等。

站在人民群众的立场上，一切为了人民、一切依靠人民，是中国特色社会主义理论体系的根本出发点和落脚点。中国特色社会主义理论体系的人民大众立场，既坚持了马克思主义立场的原则要求，又赋予其鲜明的时代特点和新的实践内涵。是否承认人民群众是历史的创造者和社会发展的决定力量，是区别马克思主义唯物史观和唯心史观的重要分界线。马克思主义认为，人民群众既是历史的主

为什么要坚持马克思主义

人,也是历史的创造者。中国特色社会主义理论体系强调,中国特色社会主义事业要靠广大人民群众来完成;广大人民群众的实践是理论创新的源泉;人民是否拥护、是否赞成是衡量党和国家一切工作和方针政策的根本尺度;实现好、维护好、发展好最广大人民的根本利益,促进人的全面发展是建设中国特色社会主义的目标,等等。

实现科学发展的观点,赋予了马克思主义发展理论新的内涵。马克思主义认为,生产力是人类社会发展的最终决定力量,生产力与生产关系、经济基础与上层建筑之间的相互作用推动着人类社会不断向前发展。中国特色社会主义理论体系提出,我国正处于并将长期处于社会主义初级阶段,人民日益增长的物质文化需要同落后的社会生产之间的矛盾始终是我国社会的主要矛盾。因此,必须始终坚持以经济建设为中心,聚精会神搞建设,一心一意谋发展,强调发展是硬道理和第一要务。在突出以经济建设为中心的同时,中国特色社会主义理论体系又强调讲发展,是与人口资源环境相协调的可持续发展,是建立在优化结构、提高质量和效益基础上的又好又快发展,提出了转变经济发展方式的命题,构建了社会主义经济建设、政治建设、文化建设、社会建设"四位一体"的总体布局,确立起物质文明、精神文明、政治文明、社会文明和生态文明"五大文明"建设的新格局,指明了中国特色社会主义建设的科学途径。

坚持以人为本的观点,丰富了马克思主义关于人的全面发展的基本观点。马克思主义认为,人的自由和全面发展是共产主义的本质规定,是人类社会文明进步的主要标志。社会主义之所以比资本主义更加进步,就在于社会主义公有制为实现人的自由和全面发展提供了现实基础和条件。但在社会主义初级阶段,由于旧的生产方式还将在一定范围内长期存在,旧的分工造成的人的片面化也在随着分工的发展而发展,加之社会主义市场经济还很不完善等因素,人的发展仍面临很大的局限性。科学发展观把"以人为本"作为核心,高度凸显了人在改造自然、促进社会发展中的主体地位。坚持以人为本，就是将人的发展作为经济社会发展的首要目标，做到发展既要见物又要见人，既要重视物质生产水平的提高又要重视人的素质的提高，既要注重经济指标又要注重人文和资源环境指标，实现发展为了人民、发展依靠人民、发展成果由人民共享。

唯物辩证的思想方法，是马克思主义的根本方法。这一方法强调客观地而不是主观地、发展地而不是静止地、全面地而不是片面地、系统地而不是零散地、普遍联系地而不是孤立地观察事物、分析问题、解决问题。中国特色社会主义理论体系贯彻和体现了唯物辩证的思想方法，如收入分配领域的"先富"与"共富"，区域发展中的"两个大局"，所有制问题上的"两个毫不动摇"，经济建设和人口、资源、环境的协调，尤其是作为科学发展观的重要组成部分的统筹城乡发展、统筹区域发展、统筹经济社会发展、统筹人与自然和谐发展、统筹国内发展和对外开放等思想，为如何实现既全面又协调的发展提供了新的思路。

实事求是的思想方法，是马克思主义最根本最重要的东西，也是中国特色社会主义理论体系的精髓和活的灵魂。实事求是既承认事物的客观性，又承认人创造历史的主观能动性，强调一切从实际出发、在实践中发现和检验真理。实事求是，不仅为认识世界和改造世界提出了一般性的原则要求，而且为认识、回答、解决中国特色社会主义建设中的重大理论和实际问题提供了科学的思想方法与工作方法，为摆脱"姓资姓社"的束缚，消除"是公是私"的疑虑，形成社会主义初级阶段论、社会主义本质论、社会主义市场经济论、社会主义民主法治论、社会主义和谐社会论等一系列中国特色社会主义理论观点奠定了基础。

群众路线的方法，是马克思主义历史唯物主义基本原理在实际工作中的具体体现，也是我们党始终坚持的根本工作方法。邓小平认为，党所从事的社会主义事业是人民群众自己的事业，只有紧紧依靠人民群众，尊重他们的实践，吸收他们的智慧，代表他们的利

为什么要坚持马克思主义

益，发挥他们的作用，才有成功的把握，胜利的希望。他提出全党要始终把人民拥护不拥护、人民赞成不赞成、人民高兴不高兴、人民答应不答应作为党的一切工作的出发点和归宿点。江泽民指出，立党为公，执政为民，是我们党同一切剥削阶级政党的根本区别，是我们党的立党之本、执政之基和力量之源。胡锦涛也强调，一个政党，如果不能保持同人民群众的血肉联系，如果得不到人民群众的支持和拥护，就会失去生命力，更谈不上先进性。能否始终保持党同人民群众的血肉联系，成为对党的执政能力和执政地位最为根本的考验。

中国特色社会主义理论体系所体现的马克思主义立场、观点、方法，为我们提供了全面推进中国特色社会主义建设的钥匙。当前，随着经济全球化深入发展和科学技术日新月异，文化与经济、科技的结合更加紧密，文化创新空前活跃，我国同世界各国的文化交流合作日益深化，这必然会使中国特色社会主义建设事业面临许多新情况、新矛盾。掌握和坚持中国特色社会主义理论体系的立场观点方法，才能不断丰富中国特色社会主义理论体系，更为全面地把握中国特色社会主义建设规律，从而在中国大地上书写更加绚丽的中国特色社会主义新篇章，创造中华民族幸福美好的未来。